W0191535

ADOLF ADAM

IN DEINER HAND GEBORGEN

ADOLF ADAM

IN DEINER HAND
GEBORGEN

Gebetbuch
für ältere Menschen

HERDER

FREIBURG · BASEL · WIEN

Zum Umschlagbild

Geborgen in Gottes Liebe,
die uns in Jesus
leibhaft erschienen ist.

Johannes an der Brust Jesu.
Aus einer Miniatur des Abendmahls in einer griechischen
Handschrift.
Foto: Erich Lessing

Zweite Auflage

Alle Rechte vorbehalten – Printed in Germany
© Verlag Herder Freiburg im Breisgau 1988
Gesetzt in der von Alfred Riedel gestalteten
Adamas-Antiqua
Herstellung: Freiburger Graphische Betriebe 1989
ISBN 3-451-21158-0 (Gebunden)
ISBN 3-451-21247-1 (Leder)

ZUM GELEIT

Ein kostbares Wort des Trostes und der Zuversicht steht beim Propheten Jesaja. Auf die Klage Zions „Der Herr hat mich verlassen, Gott hat mich vergessen" antwortet Gott: „Kann denn eine Frau ihr Kindlein vergessen, eine Mutter ihren leiblichen Sohn? Und selbst wenn sie ihn vergessen würde: ich vergesse dich nicht. Sieh her: Ich habe dich eingezeichnet in meine Hände" (49,14–16a).

Weil Gottes Liebe uns in seine Hand gezeichnet und uns so immer vor Augen hat, dürfen wir uns in gläubigem Vertrauen auch den Titel dieses Buches zu eigen machen: „In deiner Hand geborgen".

In diesem Sinn möchte das Buch mit seinen Gedanken und Gebeten den Blick für Gabe und Aufgabe des Alters schärfen, es mit den Augen des Glaubens sehen und meistern helfen. Es möchte anregen, Freude und Last des Alters vor den Vater im Himmel zu tragen und seine Kraft zu erbitten. So möchte es Trost- und Gebetbuch für den Herbst unseres Lebens sein.

Im Rahmen von zehn Abschnitten werden klassische Texte von hoher dichterischer Qualität aus Vergangenheit und Gegenwart mit volkstümlichen Gebeten und Gedichten vereint. Dem bewährten Liedgut der evangelischen und katholischen Kirche wird besondere Aufmerksamkeit geschenkt. Zahlreiche kurze Schrifttexte sind authentischer Ausdruck der jeweiligen Thematik. Die ergreifende Schönheit der Psalmen leuchtet bei vielen Gelegenheiten auf. Die reiche Vielfalt innerhalb eines jeden Abschnittes möchte zum häufigen Beten und Meditieren anregen.

So ist es kein Buch zum raschen Lesen, vielmehr wollen seine Texte bedacht und auch in ihren Tiefenschichten verkostet werden. Dabei wird sowohl die persönliche Situation wie auch die Stunde des Tages und des Kirchenjahres Ratgeber sein, welchem Abschnitt man sich bevorzugt zuwendet.

Der Herausgeber, dem selber Geschenk und Last des Alters zuteil wurde, wünscht allen Betern das erhellende Licht und die tröstende Kraft unseres himmlischen Vaters.

Mainz, im Herbst 1987   *Adolf Adam*

INHALT

I

LOB UND LAST
DES ALTERS

Unsere Zuversicht im Alter

Herr, mein Gott, du bist ja meine Zuversicht,
meine Hoffnung von Jugend auf.
Vom Mutterleib an stütze ich mich auf dich,
vom Mutterschoß an bist du mein Beschützer;
    dir gilt mein Lobpreis allezeit.
Verwirf mich nicht, wenn ich alt bin,
    verlaß mich nicht, wenn meine Kräfte
schwinden.
Auch wenn ich alt und grau bin,
    o Gott, verlaß mich nicht,
damit ich von deinem machtvollen Arm der
Nachwelt künde,
den kommenden Geschlechtern
    von deiner Stärke
und von deiner Gerechtigkeit, Gott,
die größer ist als alles.   Aus Psalm 71

Dank am Abend des Lebens

Herr, ich danke dir, weil es schön ist, am
Abend des Lebens zu stehen. Ich freue mich,
daß viele Wege hinter mir liegen und ich sie nicht
noch einmal gehen muß.
Ich bin glücklich und zufrieden mit dem, was ich
in meinem Leben mit deiner Hilfe erreicht habe.
Ich danke dir für die Fülle des Erlebten, für die Er-
fahrungen, die ich gesammelt habe, und für den
Schatz meiner Erinnerungen.
Ich weiß um die Kostbarkeit der Zeit und lebe
heute klarer, bewußter und dankbarer als in mei-

nen früheren Jahren, wo vieles an mir nur so vor-
übergerauscht ist.
Ich danke dir vor allem, daß ich deine Stimme
deutlicher zu hören beginne und gewiß werde,
daß du mich führst.
Herr, laß deine Sonne über meinem Tag leuchten
und schenke ihm noch manche warmen Strahlen
und funkelnden Höhepunkte, bis er sich leise
neigt und nach deinem Willen zur Ruhe geht.

Detlev Block

„Das Altern ist wie die Woge im Meer. Wer sich
von ihr tragen läßt, treibt obenauf. Wer sich dage-
gen aufbäumt, geht unter." Gertrud von le Fort

Johannes XXIII. über das Alter

Das Alter – das doch auch ein großes Geschenk des Herrn ist – soll mir Grund sein
zu stiller innerer Freude, zu täglicher vollkomme-
ner Hingabe an den Herrn allein, zu dem ich mich
hingewandt halte wie ein Kind zu den offenen Armen seines Vaters.
Das achtzigste Lebensjahr erreicht, ja bereits
vollendet zu haben beunruhigt mich in keiner
Weise, sondern schenkt mir im Gegenteil Ruhe
und Vertrauen. Es ist wie gewöhnlich: ich wünsche mir nicht mehr und nicht weniger, als der
Herr mir immerfort gibt. Ich danke ihm und
preise ihn alle Tage. Ich bin bereit zu allem."

Chancen des Alters

W enn der Schritt langsamer wird, wird die Besinnlichkeit größer. Man hat nun Zeit zum Schauen, zum geruhsamen Schauenkönnen, zum Nachdenken, hastet nicht mehr an den kleinen, schönen Dingen vorbei wie früher. Auge und Ohr sind jetzt mehr aufgetan für alles, was man sonst immer achtlos als Selbstverständlichkeit hingenommen hat. Man fühlt sich selbst mit allen Sinnen hineingenommen in die Wunder dieser Welt.

Josefine Gangl

Dank und Bitte

H err und Gott, ich danke dir, daß ich alt werden durfte. Wenn ich früher gestorben wäre, hätte ich sehr Wichtiges nie gelernt: Geduld haben, warten können, Einsamkeit ertragen, Jüngere für klüger halten, neidlos das Bessere anerkennen ...

Herr, ich habe einige Bitten: Hilf mir, noch mehr zu schweigen! Bewahre mich davor, andere dauernd belehren zu wollen! Laß mich meine Lebenserfahrung für mich behalten, bis man sie von mir erbittet!

Herr, ich weiß, daß ich wirklich alt bin, gebrechlich: aber gib mir die große Gnade, das auch zu praktizieren! Nimm mir den dummen Ehrgeiz, „jung" sein zu wollen; so zu tun, als könnte ich noch immer überall mitreden. Ich vergesse vieles: gib mir die Demut, das ehrlich einzugestehen!

Laß mich meine Gebrechlichkeiten für mich behalten! Schenk mir die schöne Gabe, andere nicht mit meinen Krankheiten zu langweilen. Laß mich die „gute alte Zeit" vergessen, die es nie gegeben hat. Wenn ich so vieles vergesse, warum nicht auch das?

Herr, mach mich gut! Gib mir ein großmütiges Herz, kindlich klar, durchsichtig wie eine schöne Quelle! Ich habe Quellen immer so geliebt: da ist alles noch ursprunghaft schön und einfach, so möchte ich gern sein!

Herr, schenk mir Vertrauen, Güte, Demut und jene selbstlose Güte, die nichts Gutes übersieht und nichts Schlimmes nachträgt.

Herr, mach aus meiner Verzweiflung an dieser ach so unvollkommenen Welt eine Sehnsucht nach dem Daheimsein bei dir! Schenk mir die Gnade, mein Alter so zu leben, daß junge Menschen das Alter leichter ehren können!

Autor unbekannt

Baum im Herbst

Noch ringt verzweifelt mit den kalten
Oktobernächten um sein grünes Kleid
mein Baum. Er liebt's, ihm ist es leid,
er trug es fröhliche Monde lang,
er möchte es gern behalten.

Und wieder eine Nacht und wieder
ein rauher Tag. Der Baum wird matt
und kämpft nicht mehr und gibt die Glieder
gelöst dem fremden Willen hin,
bis er ihn ganz bezwungen hat.

Nun aber lacht er golden rot
und ruht im Blauen tief beglückt.
Da er sich müd dem Sterben bot,
hat ihn der Herbst, der milde Herbst
zu neuer Herrlichkeit geschmückt.

Hermann Hesse

Wir fliegen dahin

Herr, du warst unsere Zuflucht
von Geschlecht zu Geschlecht.
Ehe die Berge geboren wurden,
die Erde entstand und das Weltall,
    bist du, o Gott, von Ewigkeit zu Ewigkeit.
Denn tausend Jahre sind für dich
wie der Tag, der gestern vergangen ist,
    wie eine Wache in der Nacht.
Unser Leben währt siebzig Jahre,
    und wenn es hoch kommt, sind es achtzig.
Das Beste daran ist nur Mühsal und Beschwer,
    rasch geht es vorbei, wir fliegen dahin.
Unsere Tage zu zählen, lehre uns!
    Dann gewinnen wir ein weises Herz.
Es komme über uns die Güte des Herrn,
unsres Gottes,
Laß das Werk unsrer Hände gedeihen
ja, laß gedeihen das Werk unsrer Hände!

Aus Psalm 90

Ich denke zurück

Herr, ich denke zurück.
Ich gehe noch einmal den Weg durch alle
meine Jahre.
Nicht an meine Leistung denke ich.
Sie ist gering.
Nicht an das Gute, das ich getan habe.
Es wiegt leicht gegen die Last des Versäumten.
An das Gute, das du mir getan hast,
denke ich und danke dir.
An die Menschen, mit denen ich gelebt habe,
an alle Freundlichkeit und Liebe,
von der ich mehr empfangen habe,
als ich wissen kann.
An jeden glücklichen Tag und
jede erquickende Nacht.
An die Güte, die mich bewahrt hat
in den Stunden der Angst und der Schuld
und der Verlassenheit.
An das Schwere, das ich getragen habe,
denke ich. An Jammer und Mühsal,
deren Sinn ich nicht sehe.
Dir lege ich es in die Hand und bitte dich:
Wenn ich dir begegne, zeige mir den Sinn.
Ich denke zurück, Herr, an alle die vielen Jahre.
Mein Werk ist vergangen,
meine Träume sind verflogen,
aber du bleibst.
Laß mich nun im Frieden aufstehen und
heimkehren zu dir,
denn ich habe deine Güte gesehen.   Jörg Zink

Am Abend des Lebens

Am Abend eines Lebens werden die großen und wichtigen Dinge klarer, so wie in der Landschaft die Linien klarer werden. Unsere Waage wird zuverlässiger und gerechter, und sie wird auch milder.

Und milder wird auch die Trauer um die große Erkenntnis, daß wir aufhören müssen, Mensch zu sein, gerade in dem Augenblick, in dem wir begonnen haben, es zu werden.   Ernst Wiechert

———————

Altsein ist ein herrlich Ding, wenn man nicht verlernt hat, was anfangen heißt.   Martin Buber

———————

Verständnis für ältere Menschen

Dank denen, die Verständnis zeigen für meinen stolpernden Fuß und meine lahmende Hand.

Dank denen, die begreifen, daß mein Ohr sich anstrengen muß, um alles aufzunehmen, was man zu mir spricht.

Dank denen, die zu wissen scheinen, daß meine Augen trübe und meine Gedanken träge geworden sind.

Dank denen, die mit freundlichem Lächeln verweilen, um ein wenig mit mir zu plaudern.

Dank denen, die niemals sagen: „Diese Geschichte haben Sie mir heute schon zweimal erzählt."

Dunkle Wolken am Himmel unseres Lebens.
Stürme peitschen die Wogen hoch.
Unser kleines Schiff droht zu versinken:
„Herr, rette uns, wir gehen zugrunde!" –
Doch der Herr breitet die Flügel
liebender Allmacht über uns aus:
„Warum habt ihr solche Angst,
ihr Kleingläubigen?
... und es trat völlige Stille ein." Mt 8,25f

Hilfe aus Seenot. Ausschnitt aus einer russischen Ikone „Mutter
Gottes, aller Bedrängten Freude", um 1720, Privatbesitz.

Dank denen, die es verstehen, Erinnerungen an frühere Zeiten in mir wachzurufen.

Dank denen, die mich erfahren lassen, daß ich geliebt, geachtet und nicht allein gelassen bin.

Dank denen, die in ihrer Güte die Tage erleichtern, die mir noch bleiben auf dem Weg in die Ewigkeit.   Gerda und Martin Haug

Es sinkt der Tag

Es sinkt der Tag – es dehnen sich
vom Abend her die langen Schatten.
Bleib bei mir, Herr! Bleib und laß mich
in deinem Dienste nicht ermatten!
Sei meinem Alter Stab und Stütze
und Licht im Dunkel, Trost im Leid –
daß ich die letzten Stunden nütze,
bis du mich rufst aus dieser Zeit,
auf daß ich ewig dich besitze
im Reiche deiner Herrlichkeit.   Matthias Claudius

Ich spüre, daß ich älter werde

Herr, ich spüre, daß ich älter werde und bald zu den Alten gehöre. Du weißt das auch. Bewahre mich vor allem, was die Alten so unbeliebt macht. Behüte mich vor Geschwätzigkeit. Laß mich nicht meinen, ich müsse bei jeder Gelegenheit mich zu allem äußern. Gib mir die Einsicht, daß ich zuweilen unrecht haben kann. Befreie mich von dem unguten Verlangen, mich

17

in jedermanns Angelegenheiten einmischen zu
wollen.
Halte mich frei davon, den anderen alle Einzelhei-
ten meines Alltags aufzudrängen.
Schenke mir Geduld, wenn andere mir ihre Leiden klagen; aber lehre mich schweigen, wenn ich
meine eigenen Schmerzen und Gebrechen aus-
breiten möchte. Und wenn ich doch darüber spre-
che, dann laß es mich so tun, daß deine Güte
dadurch nicht verdunkelt wird.
Mach mich hilfsbereit, aber nicht herrschsüchtig.
Am Ende aber laß mich nicht einsam sein. Ich
brauche dann ein paar Freunde, lieber Herr, gute
Freunde. – Aber das weißt du auch.

Einer englischen Klosterfrau zugeschrieben

Sich mit dem Leben versöhnen

Um ein bißchen glücklich zu sein,
ein bißchen Himmel auf Erden zu haben,
mußt du dich mit dem Leben versöhnen,
mit deinem eigenen Leben,
wie es nun einmal ist.

Du mußt Frieden machen mit deiner Arbeit,
mit den Menschen um dich herum,
mit ihren Fehlern und Schwächen.
Du mußt froh sein mit deinem Mann,
mit deiner Frau,
auch wenn du jetzt vielleicht weißt,
daß du nicht den idealen Mann,
nicht die ideale Frau getroffen hast.
(Glaube nicht, daß es so etwas gibt.)

Du mußt Frieden machen
mit den Grenzen deiner Brieftasche,
mit deinem Gesicht,
das du dir nicht ausgesucht hast,
mit deiner Wohnung und deiner Kleidung,
mit den Bedingungen deines Lebens,
auch wenn es der Nachbar viel besser hat
(meinst du).

Versöhne dich mit deinem Leben.
Du steckst in deiner eigenen Haut,
in einer anderen Haut
kannst du nicht mehr geboren werden.

Phil Bosmans

Alt werden

Herr, ich gehöre zu den Menschen,
die man alt nennt.
Ich lebe im Abend. Bald wird es Nacht sein.
Laß mich nicht allein bei den letzten Schritten.

Mein Leben hatte einmal Wert und Sinn.
Ich habe gearbeitet, gelitten und gewirkt.
Was ich getan habe, rückt in die Ferne.
Ich bitte dich, mich vor Bitterkeit zu bewahren,
vor der Sucht, mein Wissen und Können zu
beweisen,
vor der Gefahr, zu behaupten,
es sei alles richtig gewesen.
Ich möchte loslassen lernen.
Ich möchte mich auf nichts verlassen als auf
deine Güte.
Laß du mich nicht los!

Meine Kräfte lassen nach.
Krankheiten zehren mich aus.
Der Tod steht vor mir, unausweichlich.
Ich bitte dich, mich vor Verhärtung zu behüten,
vor dem Ausweichen in Illusionen,
vor der Suche nach falschen Hoffnungen.
Ich möchte annehmen, was du sendest,
daß ich eine neue Stufe betrete
und bereit bin, wenn du mich verwandelst.

Mitten unter den Menschen habe ich gelebt.
Nun werde ich einsam. Meine Freunde sterben.
Niemand braucht mich. Jeder geht seinen Weg.
Ich bitte dich, zu helfen,
daß ich mich nicht verschließe
und doch nicht überall mitrede
und daß ich kein Mitleid pflege mit mir selbst.
Ich möchte aus der Stille wirken können,
für andere Menschen eintreten vor dir.
Gib mir die Worte dafür.
Ich bin in deiner Liebe geborgen.
Hilf mir lieben.   Jörg Zink

Frucht noch im Alter

Wie schön ist es, dem Herrn zu danken,
    deinem Namen, du Höchster, zu singen,
am Morgen deine Huld zu verkünden
    und in den Nächten deine Treue.
Denn du hast mich durch deine Taten
froh gemacht;

Herr, ich will jubeln über die Werke
deiner Hände.
Wie groß sind deine Werke, o Herr,
    wie tief deine Gedanken.
Der Gerechte gedeiht wie die Palme,
    er wächst wie die Zedern des Libanon.
Gepflanzt im Hause des Herrn,
    gedeihen sie in den Vorhöfen unseres Gottes.
Sie tragen Frucht noch im Alter
    und bleiben voll Saft und Frische;
sie verkünden: Gerecht ist der Herr;
    mein Fels ist er, an ihm ist kein Unrecht.

Aus Psalm 92

Reich mir deine Hand

Herr und Heiland, schau auf mich. Reich mir deine Hand. Trag mit mir die Last der Jahre. Gib Gesundheit und Heil, Trost und Geduld, Geduld mit den Menschen, Geduld mit den Dingen, Geduld mit mir selber. Sei du mit mir in der Einsamkeit. Öffne meinen Mund zu deinem Lob. Laß mich fruchtbar sein an Werken der Güte. Laß mein Herz nicht von Undankbarkeit verschlossen werden. Deine Liebe bewahre mich vor der Starre des eigenen Sinnes, vor Selbstsucht und Verbitterung. Sie heile mich, wenn Versuchung mich überfällt. Laß dein heiliges Opfer und Mahl die Kraft meiner Tage sein.

Wenn du rufst, laß mich deine Stimme erkennen, ihr freudig folgen und mit Simeon beten:
„Nun läßt du, Herr, deinen Knecht,

wie du gesagt hast, in Frieden scheiden.
Denn meine Augen haben das Heil gesehen,
das du vor allen Völkern bereitet hast,
ein Licht, das die Heiden erleuchtet,
und Herrlichkeit für dein Volk Israel."

Gotteslob 11, 4

II

DANKENDER LOBPREIS

Laßt uns jubeln vor Gott!

K ommt, laßt uns jubeln vor dem Herrn
  und zujauchzen dem Fels unsres Heiles!
Laßt uns mit Lob seinem Angesicht nahen,
  vor ihm jauchzen mit Liedern!
Denn der Herr ist ein großer Gott,
  ein großer König über allen Göttern.
In seiner Hand sind die Tiefen der Erde,
  sein sind die Gipfel der Berge.
Sein ist das Meer, das er gemacht hat,
  das trockene Land, das seine Hände gebildet.
Kommt, laßt uns niederfallen,
  uns vor ihm verneigen,
  laßt uns niederknien vor dem Herrn,
  unserm Schöpfer!
Denn er ist unser Gott,
  wir sind das Volk seiner Weide,
  die Herde, von seiner Hand geführt.
Ehre sei dem Vater und dem Sohn
  und dem Heiligen Geist,
  wie im Anfang,
  so auch jetzt und allezeit und in Ewigkeit.
Amen.   Aus Psalm 95

Ich lobe dich, Herr

I ch lobe dich, Herr, errettet
  durch deine Barmherzigkeit.
Ich lobe dich, Herr, geehrt
durch deine Erniedrigung.
Ich lobe dich, Herr, geführt
durch deine Milde.

Ich lobe dich, Herr, regiert
durch deine Weisheit.
Ich lobe dich, Herr, beschirmt
durch deine Gewalt.
Ich lobe dich, Herr, geheiligt
durch deine Gnade.
Ich lobe dich, Herr, erleuchtet
durch dein inneres Licht.
Ich lobe dich, Herr, erhöht
durch deine Güte.   Mechthild von Magdeburg

Gottes Namen am Firmament

Allmächtiger, ewiger Gott!
Du schreibst deinen Namen
an unser Firmament
bei Tag und bei Nacht,
und wir finden keine Zeit,
diese deine Schrift zu lesen.
Rüttle uns auf aus unserer Gedankenlosigkeit,
daß wir an den Zeichen deiner Huld
dich erkennen,
der du die Welt geschaffen
und erlöst hast in Christus, unserem Herrn.
Amen.   Balthasar Fischer

Wie schön ist deine Welt!

Mein Gott, wie schön ist deine Welt:
der Wald ist grün, die Wiesen blühn,
die großen Ströme zieh'n dahin
vom Sonnenglanz erhellt;
die Wolken und die Winde flieh'n,
das Leben rauscht und braust dahin.
Mein Gott, wie schön ist deine Welt,
wie schön ist deine Welt!

Mein Gott, wie schön ist deine Welt:
die Vögel jauchzen hoch hinauf,
und niemand hemmt der Tiere Lauf
da draußen auf dem Feld.
Die Sonne bringt den Tag herauf,
die Nacht erhellt der Sterne Lauf.
Mein Gott, wie schön ist deine Welt,
wie schön ist deine Welt.

Mein Gott, wie schön ist deine Welt:
der liebe Mensch mit Blut und Geist,
der seinen Vater lobt und preist,
weil es ihm wohlgefällt.
Wie leuchtet alles weit und breit
und kündet deine Herrlichkeit!
Mein Gott, wie schön ist deine Welt,
wie schön ist deine Welt.

Mein Gott, wie schön ist deine Welt:
drum laß uns allzeit fröhlich sein,
und brechen die Gewitter ein,
dann sei uns zugesellt;
dann lösch dein gutes Licht nicht aus
und bleibe wie ein Gast im Haus,
mein Gott, in deiner schönen Welt,
in deiner schönen Welt.

Georg Thurmair

Danket dem Herrn!

Danket dem Herrn, denn er ist gütig,
 denn seine Huld währt ewig!
der allein große Wunder tut,
 denn seine Huld währt ewig,
der den Himmel geschaffen hat in Weisheit,
 denn seine Huld währt ewig,
der die Erde über den Wassern gegründet hat,
 denn seine Huld währt ewig,
der die großen Leuchten gemacht hat,
 denn seine Huld währt ewig,
die Sonne zur Herrschaft über den Tag,
 denn seine Huld währt ewig,
Mond und Sterne zur Herrschaft über die Nacht,
 denn seine Huld währt ewig. Aus Psalm 136

Der Sonnengesang

Höchster, allmächtiger, guter Herr,
 dein sind Ehre, Lob und Ruhm
und aller Segen.
Du allein bist würdig, sie zu empfangen,
und kein Mensch ist würdig,
dich zu nennen, o Höchster.

Gelobt seist du, mein Herr!
Mit all deinen Geschöpfen,
vor allem mit der edlen Schwester Sonne.
Sie bringt uns den Tag und das Licht,
von dir, du Höchster, ein Gleichnis.

Gelobt seist du, mein Herr!
Durch Bruder Mond und die Sterne.
Du hast sie am Himmel gebildet
klar und kostbar und schön.

Gelobt seist du, mein Herr!
Durch Bruder Wind und die Luft,
durch bewölkten und heiteren Himmel
und jegliches Wetter;
so erhältst du deine Geschöpfe am Leben.

Gelobt seist du, mein Herr!
Durch Schwester Wasser,
so nützlich und demütig,
so köstlich und keusch.

Gelobt seist du, mein Herr!
Durch Bruder Feuer;
mit ihm erleuchtest du uns die Nacht.
Er ist schön und freundlich,
gewaltig und stark.

Gelobt seist du, mein Herr!
Durch unsere Schwester, die Mutter Erde;
sie trägt und erhält uns,
bringt vielerlei Früchte hervor
und Kräuter und bunte Blumen.

Gelobt seist du, mein Herr!
Durch alle, die vergeben in deiner Liebe,
die Krankheit und Trübsal ertragen.
Selig, die dulden in Frieden;
sie werden von dir, o Höchster, gekrönt.

Gelobt seist du, mein Herr!
Durch unsern Bruder, den leiblichen Tod;
kein lebender Mensch kann ihm entrinnen.
Weh denen, die sterben in tödlichen Sünden.
Selig, die der Tod trifft
in deinem heiligsten Willen;
denn der zweite Tod kann ihnen nichts antun.

Lobt und preist meinen Herrn
und dankt und dient ihm in großer Demut.

Franz von Assisi

Te Deum laudamus

Dich, Gott, loben wir, dich, Herr, preisen wir.
Dir, dem ewigen Vater, huldigt das
Erdenrund.
Dir rufen die Engel alle,
dir Himmel und Mächte insgesamt,
die Kerubim dir und die Serafim
mit niemals endender Stimme zu:
Heilig, heilig, heilig
der Herr, der Gott der Scharen!
Voll sind Himmel und Erde
von deiner hohen Herrlichkeit.

Dich preist der glorreiche Chor der Apostel;
dich der Propheten lobwürdige Zahl;
dich der Märtyrer leuchtendes Heer;
dich preist über das Erdenrund
die heilige Kirche;
dich, den Vater unermeßbarer Majestät;
deinen wahren und einzigen Sohn;
und den Heiligen Fürsprecher Geist.

Du König der Herrlichkeit, Christus.
Du bist des Vaters allewiger Sohn.
Du hast der Jungfrau Schoß nicht verschmäht,
bist Mensch geworden,
den Menschen zu befreien.

Du hast bezwungen des Todes Stachel
und denen, die glauben,
die Reiche der Himmel aufgetan.
Du sitzest zur Rechten Gottes
in deines Vaters Herrlichkeit.
Als Richter, so glauben wir,
kehrst du einst wieder.

Dich bitten wir denn,
komm deinen Dienern zu Hilfe,
die du erlöst mit kostbarem Blut.
In der ewigen Herrlichkeit
zähle uns deinen Heiligen zu.

Rette dein Volk, o Herr, und segne dein Erbe;
und führe sie und erhebe sie bis in Ewigkeit.
An jedem Tag benedeien wir dich
und loben in Ewigkeit deinen Namen,
ja in der ewigen Ewigkeit.

In Gnaden wollest du, Herr,
an diesem Tag uns ohne Schuld bewahren.
Erbarme dich unser, o Herr,
erbarme dich unser.
Laß über uns dein Erbarmen geschehen,
wie wir gehofft auf dich.
Auf dich, o Herr,
habe ich meine Hoffnung gesetzt.
In Ewigkeit werde ich nicht zuschanden.

Ein Loblied auf den gütigen Gott

Lobe den Herrn, meine Seele,
und alles in mir seinen heiligen Namen!
Lobe den Herrn, meine Seele,
   und vergiß nicht, was er dir Gutes getan hat:
der dir all deine Schuld vergibt
   und all deine Gebrechen heilt,
der dein Leben vor dem Untergang rettet
   und dich mit Huld und Erbarmen krönt,
der dich dein Leben lang mit seinen Gaben
sättigt,
   wie dem Adler wird dir die Jugend erneuert.
Wie ein Vater sich seiner Kinder erbarmt,
   so erbarmt sich der Herr über alle,
die ihn fürchten.   Aus Psalm 103

Preis dir, dreeiniger Gott

Preis sei dir, o Herr,
   der du uns von Anbeginn
in deiner Freiheit erschaffen hast.
Preis sei dir, o Herr,
der du uns zu deinem lebendigen
Ebenbild berufen hast.
Preis sei dir, o Herr,
der du uns geadelt hast
mit den Gaben der Freiheit und der Vernunft.
Preis sei dir, du gerechter Vater,
der du uns durch die Liebe besitzen wolltest.
Preis sei dir, allheiliger Sohn,
der du unsern Leib angenommen hast,
um uns zu retten.

Preis sei dir, Geist des Lebens,
der du uns mit deinen Gaben beschenktest.
Jeder Mund soll dich loben,
Vater, Sohn und Heiliger Geist.
Von den Höhen herab bis zu den Tiefen
sei Preis der Dreifaltigkeit
durch Zeit und Ewigkeit.   Simeon der Neue Theologe

Das Gebet des Herrn

Dem Wort unseres Herrn und Erlösers
gehorsam und getreu
seiner göttlichen Weisung
wagen wir zu sprechen:

Vater unser im Himmel,
    geheiligt werde dein Name.
Dein Reich komme.
Dein Wille geschehe,
wie im Himmel so auf Erden.
Unser tägliches Brot gib uns heute.
Und vergib uns unsere Schuld,
wie auch wir vergeben unsern Schuldigern.
Und führe uns nicht in Versuchung,
sondern erlöse uns von dem Bösen.
Denn dein ist das Reich und die Kraft
und die Herrlichkeit in Ewigkeit.
Amen.

„Kommt, laßt uns jubeln vor dem Herrn
und zujauchzen dem Fels unseres Heils!
Laßt uns mit Lob seinem Angesicht nahen,
vor ihm jauchzen mit Liedern!" S. 24

Engel aus einer Taufe-Christi-Ikone, 16. Jh., Privatbesitz.

Gedanken zum Vaterunser

VATER UNSER IM HIMMEL! Großer, verborgener, geheimnisvoller Gott! Sei nicht fern von uns! Sei täglich bei uns und mit uns!

GEHEILIGT WERDE DEIN NAME! Heilige du, o Herr, selber deinen Namen unter uns! Laß leuchten dein Licht! Laß uns spüren deinen heiligen und heiligmachenden Geist in unserem täglichen Leben!

DEIN REICH KOMME! Ja, laß es kommen! Laß es jetzt schon Wirkung haben für uns dürftige Menschen! Laß deine Gabe des Friedens und der Liebe wachsen und alles Trennende überwinden!

DEIN WILLE GESCHEHE, WIE IM HIMMEL SO AUF ERDEN! Ja, mache hell deinen Willen in unseren Herzen! Und laß dieses dein helles Licht mächtiger sein unter uns als das täuschende Gerede und der billige Markt der Meinungen!

UNSER TÄGLICHES BROT GIB UNS HEUTE! Vergiß nicht die Hungernden und das Brot, das sie brauchen! Erleuchte auch die Reichen, die Mächtigen und Wissenden, daß sie willens werden, Armut und Hunger zu überwinden auf dieser Erde und allen Brot zu geben zur Nahrung und Wein für die Freude!

UND VERGIB UNS UNSERE SCHULD, WIE AUCH WIR VERGEBEN UNSERN SCHULDIGERN! Vergib uns unseren Egoismus! Unsere Blindheit für die Not der anderen. Und lehre uns Worte der Vergebung und der Versöhnung!

UND FÜHRE UNS NICHT IN VERSUCHUNG,
SONDERN ERLÖSE UNS VON DEM BÖSEN! Befreie uns aus den Verwirrungen unserer eigensinnigen Interessen und aus dem betäubenden Spiel der Kräfte des Hochmuts und der Herrschaft und der Angst, die in unserer Welt umgehen!

DENN DEIN IST DAS REICH
UND DIE KRAFT UND DIE HERRLICHKEIT IN EWIGKEIT! Du allein bist groß! Denn dein ist das Reich. Du allein kannst uns und die Welt erlösen und erneuern. Wirke dein versöhnendes Reich unter uns! Entfalte deine Kraft unter uns, denn dein ist die Kraft, daß wir nicht schwach werden im Glauben und in der Liebe! Und laß leuchten über uns deine Herrlichkeit, daß wir Menschen ein wenig heller und ein wenig fröhlicher werden. Amen.

Bernhard Welte

Ohne Gebet verkümmert der Mensch

Jesus Christus, einst sind Deine Jünger zu Dir gekommen und haben verlangt: „Herr, lehre uns beten." Du hast ... sie das Gebet gelehrt, dessen heilige Worte seitdem nie mehr auf den Lippen der Menschen verstummt sind und weiterhin aufsteigen werden bis an das Ende der Welt ...
Lehre mich einsehen, daß ohne Gebet mein Inneres verkümmert und mein Leben Halt und Kraft verliert. Nimm das Gerede von Erlebnis und Bedürfnis weg, hinter welchem sich Trägheit und Auflehnung verbirgt. Gib mir Ernst und festen Entschluß und hilf mir, durch Überwindung zu

lernen, was zum Heil nottut. Führe mich aber
auch in Deine heilige Gegenwart. Lehre mich zu
Dir zu sprechen im Ernst der Wahrheit und in der
Innigkeit der Liebe.   Romano Guardini

Gott weiß um mich

Herr, du hast mich erforscht und kennst
mich.
Ob ich sitze oder stehe, du weißt von mir.
  Von fern erkennst du meine Gedanken.
Ob ich gehe oder ruhe, es ist dir bekannt;
  du bist vertraut mit all meinen Wegen.
Noch liegt mir das Wort nicht auf der Zunge –
  du, Herr, kennst es bereits.
Du umschließt mich von allen Seiten
  und legst deine Hand auf mich.
Zu wunderbar ist für mich dieses Wissen,
  zu hoch, ich kann es nicht begreifen.
Wohin könnte ich fliehen vor deinem Geist,
  wohin mich vor deinem Angesicht flüchten?
Steige ich hinauf in den Himmel,
  so bist du dort;
bette ich mich in der Unterwelt,
  bist du zugegen.
Nehme ich die Flügel des Morgenrots
  und lasse mich nieder am äußersten Meer,
auch dort wird deine Hand mich ergreifen
  und deine Rechte mich fassen.
Würde ich sagen: „Finsternis soll mich
bedecken,
  statt Licht soll Nacht mich umgeben",

auch die Finsternis wäre für dich
nicht finster,
die Nacht würde leuchten wie der Tag,
   die Finsternis wäre wie Licht.
Denn du hast mein Inneres geschaffen,
   mich gewoben im Schoß meiner Mutter.
Ich danke dir, daß du mich so wunderbar
gestaltet hast.
   Ich weiß: Staunenswert sind deine Werke.

Psalm 139, 1–14

Nun danket alle Gott!

Nun danket alle Gott mit Herzen,
  Mund und Händen,
der große Dinge tut an uns und allen Enden,
der uns von Mutterleib und Kindesbeinen an
unzählig viel zu gut bis hieher hat getan.

Der ewigreiche Gott woll uns in unserm Leben
ein immer fröhlich Herz und edlen Frieden
geben
und uns in seiner Gnad erhalten fort und fort
und uns aus aller Not erlösen hier und dort.

Lob, Ehr und Preis sei Gott dem Vater
und dem Sohne
und Gott dem Heilgen Geist im höchsten
Himmelsthrone,
ihm, dem dreieinen Gott, wie es im Anfang war
und ist und bleiben wird so jetzt und immerdar.

Martin Rinckart 1636

Ich danke dir

Wieviel Dankbarkeit spüre ich in mir!
Wie ein unerwarteter Gast
hat sie Besitz von mir genommen.
Mein Gott, ich preise dich
für die Gabe des dankbaren Herzens.
Oft bin ich so verschlossen
für die Freude an kleinen Dingen,
so blind
für die behutsamen Zeichen deiner Zuneigung.

Ich muß das Dunkle nicht hellsprechen,
um mich zu freuen,
es ist da,
aber es bannt mir nicht mehr den Blick.
Ich danke dir,
ich danke dir so sehr für das Schöne
in meinem Leben
und erfahre, daß Dankbarkeit befreit.

Sanft werde ich losgelöst von dem,
was mich reich gemacht hat und erfüllt.
Ich weiß nicht, ob ich es so je wieder
erleben darf,
aber mein dankbares Herz will nichts
an sich reißen,
sich nicht in Erwartungen verirren,
sondern wachsein
für neuen, vielleicht ganz andren Reichtum.

Sabine Naegeli

Lobe den Herren

Lobe den Herren,
den mächtigen König der Ehren;
lob ihn, o Seele,
vereint mit den himmlischen Chören.
Kommet zuhauf, Psalter und Harfe, wacht auf,
lasset den Lobgesang hören.

Lobe den Herren,
der alles so herrlich regieret,
der dich auf Adelers Fittichen sicher geführet,
der dich erhält, wie es dir selber gefällt.
Hast du nicht dieses verspüret?

Lobe den Herren,
der künstlich und fein dich bereitet,
der dir Gesundheit verliehen,
dich freundlich geleitet.
In wieviel Not hat nicht der gnädige Gott
über dir Flügel gebreitet!

Lobe den Herren,
was in mir ist, lobe den Namen.
Lob ihn mit allen, die seine Verheißung
bekamen.
Er ist dein Licht;
Seele, vergiß es ja nicht.
Lob ihn in Ewigkeit. Amen.   Joachim Neander 1680

Wie die Sonnenuhr

O Gott, du bist so wundervoll bei mir gewesen
alle Tage meines Lebens.
Du wirst mich auch ferner nicht verlassen.
Ich weiß es,
obschon ich keine Rechte vor dir habe.
Laß mich meinen Weg nicht gehen,
ohne an dich zu denken.
Laß mich alles vor dein Angesicht tragen,
um dein Ja zu erfragen bei jedem Wollen
und deinen Segen für jedes Tun.
Wie die Sonnenuhr von der Sonne,
so will ich allein bestimmt sein von dir.
So sei es, mein Herr Jesus Christus.
Ich gebe mich dir ganz.   Kardinal John Henry Newman

Ich will dich lieben

Ich will dich lieben, meine Stärke,
ich will dich lieben, meine Zier,
ich will dich lieben mit dem Werke
und immerwährender Begier;
ich will dich lieben, schönstes Licht,
bis mir das Herze bricht.

Ich will dich lieben, o mein Leben,
als meinen allerbesten Freund;
ich will dich lieben und erheben,
solange mich dein Glanz bescheint;
ich will dich lieben, Gottes Lamm,
das starb am Kreuzesstamm.

Ach daß ich dich so spät erkannte,
du hochgelobte Schönheit du,
daß ich nicht eher mein dich nannte,
du höchstes Gut, du wahre Ruh;
es ist mir leid, ich bin betrübt,
daß ich so spät geliebt.

Ich lief verirrt und war verblendet,
ich suchte dich und fand dich nicht,
ich hatte mich von dir gewendet
und liebte das geschaffne Licht.
Nun aber ist's durch dich geschehn,
daß ich dich hab ersehn.

Ich danke dir, du wahre Sonne,
daß mir dein Glanz hat Licht gebracht;
ich danke dir, du Himmelswonne,
daß du mich froh und frei gemacht;
ich danke dir, du güldner Mund,
daß du mich machst gesund.

Erhalte mich auf deinen Stegen
und laß mich nicht mehr irregehn;
laß meinen Fuß auf deinen Wegen
nicht straucheln oder stillestehn;
erleucht mir Leib und Seele ganz,
du starker Himmelsglanz.

Ich will dich lieben, meine Krone,
ich will dich lieben, meinen Gott,
ich will dich lieben sonder Lohne
auch in der allergrößten Not;
ich will dich lieben, schönstes Licht,
bis mir das Herze bricht.

Angelus Silesius = Johann Scheffler 1657

Die wahre Großmut

Ewiges Wort, eingeborener Sohn Gottes, lehre mich die wahre Großmut. Lehre mich dir dienen, wie du es verdienst, geben, ohne zu zählen, kämpfen, ohne meiner Wunden zu achten, arbeiten, ohne Ruhe zu suchen, mich einsetzen, ohne einen andern Lohn zu erwarten als das Bewußtsein, deinen heiligen Willen erfüllt zu haben.

Ignatius von Loyola zugeschrieben

Alles meinem Gott zu Ehren

Alles meinem Gott zu ehren
in der Arbeit, in der Ruh!
Gottes Lob und Ehr zu mehren,
ich verlang und alles tu.
Meinem Gott nur will ich geben
Leib und Seel, mein ganzes Leben.
Gib, o Jesu, Gnad dazu. Amen.

Aus Duderstadt 1724

Verwandelnde Freude

Ich gehe durch die Stadt
und erfahre dein Nahesein.
Mitten in der Menschenmenge
könnte ich tanzen,
denn du bist da.
Kaum erkenne ich mich wieder,
so sehr verwandelt mich
die Freude an dir.

41

Befreit hast du mich
von fruchtlosem Starren auf Dunkles,
und mein Gesicht ist zu dir emporgehoben,
daß ich wahrnehme deine Gegenwart.
Woher kommt die Geduld, woher die
Gelassenheit?
Woher der Mut zu ungeliebter Arbeit?
Selbst Menschen, die mir schwer
erträglich sind,
sende ich freundliche Gedanken.
Alle, alle möchte ich hineinholen
in diese Freude,
allen sagen, daß du da bist.   Sabine Naegeli

Der Herr segne dich

DER HERR
der Mächtige,
Ursprung und Vollender aller Dinge,

SEGNE DICH.
Er gebe dir Gedeihen und Wachstum,
Gelingen deinen Hoffnungen, Frucht deiner
Mühe,

UND BEHÜTE DICH,
vor allem Argen,
sei dir Schutz in Gefahr und Zuflucht in Angst.

DER HERR LASSE LEUCHTEN SEIN ANGE-
SICHT ÜBER DIR
wie die Sonne über der Erde Wärme gibt
dem Erstarrten und Freude gibt dem Lebendigen,

UND SEI DIR GNÄDIG,
wenn du verschlossen bist in Schuld,
er löse dich von allem Bösen und mache dich frei.

DER HERR ERHEBE SEIN ANGESICHT AUF DICH
er sehe dein Leid und höre deine Stimme,
er heile und tröste dich

UND GEBE DIR FRIEDEN
das Wohl des Leibes und das Wohl der Seele,
Liebe und Glück.

AMEN.
So will es der Herr,
der von Ewigkeit zu Ewigkeit bleibt.
So steht es fest nach seinem Willen für dich.

Jörg Zink

III

GEBETE IM TAGESLAUF

MORGENGEBETE

Morgenhymnus

Schon zieht herauf des Tages Licht,
wir flehn zu Gott voll Zuversicht:
Bewahre uns an diesem Tag
vor allem, was uns schaden mag.

Bezähme unsrer Zunge Macht,
daß sie nicht Haß und Streit entfacht;
laß unsrer Augen hellen Schein
durch Böses nicht verdunkelt sein.

Rein sei das Herz und unversehrt
und allem Guten zugekehrt.
Und gib uns jeden Tag das Brot
für unsre und der Brüder Not.

Senkt sich hernieder dann die Nacht
und ist das Tagewerk vollbracht,
sei dir all unser Tun geweiht
zum Lobe deiner Herrlichkeit.

Dich, Vater, Sohn und Heil'ger Geist,
voll Freude alle Schöpfung preist,
der jeden neuen Tag uns schenkt
und unser ganzes Leben lenkt. Amen.

Hymnus aus dem Stundenbuch

Schirme uns heute

Herr, allmächtiger Gott, du hast uns zum Beginn dieses Tages gelangen lassen; schirme uns heute durch deine Kraft. Laß uns an diesem Tag in keine Sünde fallen; laß vielmehr unser Denken, Reden und Tun allezeit darauf gerichtet sein, was recht ist vor dir, zu vollbringen.

Oration der Prim

Einander beistehen

Laß uns, Vater, heute einander beistehen in Geduld. Bewahre uns vor allem schnellen Wort, das so leicht den Frieden stört und uns in Schuld verstrickt. Beschütze uns vor Eigensinn und Zorn. Hilf uns, daß wir einander verstehen, ertragen, verzeihen und lieben. Erhalte uns in deinem Frieden, den du allen versprochen hast, die guten Willens sind. Amen. *Josef Gülden*

Aus meines Herzens Grunde

Aus meines Herzens Grunde
sag ich dir Lob und Dank
in dieser Morgenstunde,
dazu mein Leben lang,
dir, Gott in deinem Thron
zu Lob und Preis und Ehren
durch Christum, unsern Herren,
dein' eingebornen Sohn.

47

Der du mich hast aus Gnaden
in der vergangnen Nacht
vor Gfahr und allem Schaden
behütet und bewacht,
demütig bitt ich dich,
wollst mir mein Sünd vergeben,
womit in diesem Leben
ich hab erzürnet dich.

Gott will ich lassen raten,
denn er all Ding vermag.
Er segne meine Taten
an diesem neuen Tag.
Ihm hab ich heimgestellt
mein' Leib, mein Seel, mein Leben
und was er sonst gegeben;
er mach's, wie's ihm gefällt.

Lied nach Georg Niege um 1586

Ein neuer Tag

Ein neuer Tag liegt vor mir. Laß mich, mein
Gott, mitten in der Tretmühle des Alltags die
Möglichkeiten erkennen, die mir heute geschenkt sind. In vielem bin ich festgelegt, aber
immer gestalte ich mit.
Du weißt, daß ich anfällig bin für die Entmuti-
gung; stärke in mir die Wahrnehmungskraft für
das Gute, damit ich dem Sog des Negativen zu widerstehen vermag.
Gib mir ein tapferes Herz, das sich nicht einläßt
auf Wehleidigkeit und Selbstmitleid.

Gib mir ein gesundes Maß an Selbstliebe, die Freiheit, über mich zu lachen, und die Demut, die Grenzen, die du mir gesetzt hast, nicht gewaltsam niederreißen zu wollen.

Gib mir die Aufmerksamkeit des Herzens, die anderer Menschen Bedürftigkeit wahrzunehmen versteht.

Du weißt: es fehlt mir allenthalben, aber dir darf ich mich lassen, so wie ich bin, mit allen erkannten und unbewußten Mängeln. Nimm Besitz von meinen Gedanken, von meinem Fühlen und Wollen, dann wird dieser Tag fruchtbar sein.

Sabine Naegeli

Der Tag ist aufgegangen

Der Tag ist aufgegangen;
Herr Gott, dich lob ich allezeit,
dir sei er angefangen,
zu deinem Dienst bin ich bereit.
Den Tag will ich dir schenken
und alles, was ich tu,
im Reden und Gedenken,
im Werk und in der Ruh.

Es wolle mich nun segnen
Gott Vater, Sohn und Heil'ger Geist.
Herr, was mir soll begegnen,
das mache, wie du willst und weißt!
Zu deines Namens Ehren
geschehe, was geschieht;
dein Lob nur will ich mehren
und preisen deine Güt.

Nach Dresdner Gesangbuch von 1767

Mit Gottes Gnade

Komm unserem Tun, wir bitten dich, o Herr, mit deiner Gnade zuvor und begleite es, damit alles, was wir beginnen, bei dir seinen Anfang nehme und durch dich vollendet werde.

Oration des Meßbuches

Vollkommene Hingabe

Nimm hin, o Herr, meine ganze Freiheit.
Nimm an mein Gedächtnis, meinen Verstand,
meinen ganzen Willen.
Was ich habe und besitze,
hast du mir geschenkt.
Ich gebe es dir wieder ganz und gar zurück
und überlasse alles dir,
daß du es lenkst nach deinem Willen.
Nur deine Liebe schenke mir mit deiner Gnade.
Dann bin ich reich genug
und suche nichts weiter.

Ignatius von Loyola zugeschrieben

Nach Gottes Willen leben

Wir loben dich, Herr Jesus Christ,
weil es nun Tag geworden ist
und du uns Licht gegeben;
gib uns auch Gnade und die Macht,
daß wir den Tag, den du gemacht,
nach deinem Willen leben.

Nimm uns als treue Knechte nun
und segne unser Werk und Tun,
das wir dir freudig weihen;
laß uns in allem recht und wahr
dem Guten dienen immerdar,
um dich zu benedeien.

Laß uns in aller Freud und Not
nach deinem göttlichen Gebot
in deiner Liebe wandeln,
daß wir in allem frohgemut
und auch den armen Leuten gut
nach deinem Worte handeln.

Dein Name segne uns den Tag
und soll uns jeden Stundenschlag
nach deinem Willen lenken,
damit wir in der lauten Welt
der Heimat überm Sternenzelt
und deiner wohl gedenken.   Georg Thurmair

TISCHGEBETE

Vor Tisch

Aller Augen warten auf dich, o Herr; du gibst uns Speise zur rechten Zeit. Du öffnest deine Hand und erfüllst alles, was lebt, mit Segen.

Herr, segne uns und diese Gaben, die wir von Deiner Güte nun empfangen, durch Christus, unsern Herrn. Amen.

Des himmlischen Mahles lasse uns teilhaft werden der König der ewigen Herrlichkeit. Amen.   Aus dem kirchlichen Tischgebet

Komm, Herr Jesus, sei unser Gast,
segne uns und was du uns bescheret hast.

Gott, wir haben Hunger und Durst,
laß uns in diesem Mahl ein Zeichen sehen,
daß jeder Hunger gestillt
und jeder Durst gelöscht wird.

Nach Tisch

Wir sagen dir Dank, allmächtiger Gott,
für alle deine Wohltaten,
der du lebst und herrschest in Ewigkeit. Amen.

Herr, vergilt in Güte allen,
die uns um deines Namens willen Gutes
tun, und schenke ihnen ewiges Leben. Amen.

Die Seelen der Verstorbenen
mögen durch die Barmherzigkeit Gottes
ruhen in Frieden. Amen.

Aus dem kirchlichen Tischgebet

Wir danken dir, Herr Jesus Christ,
daß du unser Gast gewesen bist.
Du bist das wahre Himmelsbrot.
Errett' uns alle aus der Not. Amen.

ABENDGEBETE

Abendhymnus

Bevor des Tages Licht vergeht,
hör, Welterschaffer, dies Gebet:
der du so milde und so gut,
nimm gnädig uns in deine Hut.

Gib, daß kein böser Traum uns weckt,
kein nächtlich Wahnbild uns erschreckt:
die Macht des Bösen dämme ein,
daß unser Leib stets bleibe rein.

Erhör uns, Vater, der du mild
mit deinem Sohn und Ebenbild
und mit dem Tröster aller Zeit,
dem Geist, regierst in Ewigkeit. Amen.

Hymnus der Komplet

Herr, kehre ein

Herr, kehre ein in dieses Haus und halte alle Nachstellungen des Feindes von ihm fern. Deine heiligen Engel mögen darin wohnen und uns im Frieden bewahren. Und dein Segen sei über uns allezeit.   Aus dem Stundenbuch

Bleibe bei uns

Bleibe bei uns, Herr, denn es will Abend werden, und der Tag hat sich geneigt.
Bleibe bei uns am Abend des Tages, am Abend des Lebens, am Abend der Welt.
Bleibe bei uns mit deiner Gnade und Güte, mit deinem heiligen Wort und Sakrament, mit deinem Trost und Segen.
Bleibe bei uns, wenn über uns kommt die Nacht der Trübsal und der Angst, die Nacht des Zweifels und der Anfechtung, die Nacht der Einsamkeit und Verlassenheit, die Nacht der Krankheit und der Schmerzen, die Nacht des bitteren Todes.
Bleibe bei uns und unseren Lieben, bei allen Brüdern und Schwestern, den kleinen und den großen, den nahen und den fernen, den gesunden und den kranken, den frohen und den trauernden, bei allen, die zerschlagenen Herzens sind.
Bleibe bei uns und bei allen deinen Gläubigen in Zeit und Ewigkeit. Amen.   Nach Walter Lotz

Nun ruhen alle Wälder

Nun ruhen alle Wälder,
Vieh, Menschen, Städt und Felder,
es schläft die ganze Welt:
Ihr aber, meine Sinnen,
auf, auf, ihr sollt beginnen,
was eurem Schöpfer wohlgefällt.

Wo bist du, Sonne, blieben?
Die Nacht hat dich vertrieben,
die Nacht des Tages Feind:
Fahr hin, ein andre Sonne,
mein Jesus, meine Wonne,
gar hell in meinem Herzen scheint.

Der Tag ist nun vergangen,
die güldnen Sternlein prangen
am blauen Himmelssaal:
So, so werd ich auch stehen,
wenn mich wird heißen gehen
mein Gott aus diesem Jammertal.

Der Leib, der eilt zur Ruhe,
legt ab das Kleid und Schuhe,
das Bild der Sterblichkeit:
Die zieh ich aus, dargegen
wird Christus mir anlegen
den Rock der Ehr und Herrlichkeit.

Das Haupt, die Füß und Hände
sind froh, daß nun zum Ende
die Arbeit kommen sei:
Herz, freu dich, du sollt werden
vom Elend dieser Erden
und von der Sünden Arbeit frei.

Nun geht, ihr matten Glieder,
geht, geht und legt euch nieder,
der Betten ihr begehrt:
Es kommen Stund und Zeiten,
da man euch wird bereiten
zur Ruh ein Bettlein in der Erd.

Mein Augen stehn verdrossen,
im Hui sind sie geschlossen;
wo bleibt dann Leib und Seel?
Nimm sie zu deinen Gnaden,
sei gut für allen Schaden,
du Aug' und Wächter Israel'!

Breit aus die Flügel beide,
o Jesu, meine Freude,
und nimm dein Küchlein ein!
Will Satan mich verschlingen,
so laß die Englein singen:
„Dies Kind soll unverletzet sein!"

Auch euch, ihr meine Lieben,
soll heute nicht betrüben
kein Unfall noch Gefahr!
Gott laß euch ruhig schlafen,
stell euch die güldnen Waffen
ums Bett und seiner Engel Schar.   Paul Gerhardt

Licht in der Nacht

Gott, du bist unser Licht in der Nacht und schenkst uns nach der Finsternis einen neuen Tag. Beschütze uns vor der Macht des bösen Feindes, damit wir heil durch das Dunkel der kommenden Nacht gelangen und am Morgen vor deinem Angesicht dir Dank sagen können.

Aus dem Stundenbuch

Der Mond ist aufgegangen

Der Mond ist aufgegangen,
die goldnen Sternlein prangen
am Himmel hell und klar;
der Wald steht schwarz und schweiget
und aus den Wiesen steiget
der weiße Nebel wunderbar.

Wie ist die Welt so stille
und in der Dämmrung Hülle
so traulich und so hold
als eine stille Kammer,
wo ihr des Tages Jammer
verschlafen und vergessen sollt.

Seht ihr den Mond dort stehen?
Er ist nur halb zu sehen
und ist doch rund und schön.
So sind wohl manche Sachen,
die wir getrost belachen,
weil unsre Augen sie nicht sehn.

Wir stolzen Menschenkinder
sind eitel arme Sünder
und wissen gar nicht viel.
Wir spinnen Luftgespinste
und suchen viele Künste
und kommen weiter von dem Ziel.

Gott, laß dein Heil uns schauen,
auf nichts Vergänglichs trauen,
nicht Eitelkeit uns freun!
Laß uns einfältig werden
und vor dir hier auf Erden
wie Kinder fromm und fröhlich sein.

Wollst endlich sonder Grämen
aus dieser Welt uns nehmen
durch einen sanften Tod.
Und wenn du uns genommen,
laß uns in Himmel kommen,
du unser Herr und unser Gott!

So legt euch denn, ihr Brüder,
in Gottes Namen nieder;
kalt ist der Abendhauch.
Verschon uns, Gott, mit Strafen
und laß uns ruhig schlafen
und unsern kranken Nachbarn auch.

Matthias Claudius 1778

In deine Hände

In deine Hände lege ich meine unruhigen Gedan-
ken, meine wirren Gefühle, mein Leben.
In deinen Schoß lege ich meinen müden Kopf, die
Früchte meines Tuns, meine Sorgen.
Unter deinen Mantel lege ich meinen schutzlosen
Leib, meine verwundete Seele, meinen angefoch-
tenen Geist.
In deine Hände lege ich meine Freunde, meine
Feinde, mein Leben.   Anton Rotzetter

Dank für jeden Tag

Gott, ich danke dir für diesen Tag.
Für das Gute, das ich mit deiner Gnade getan
habe. Für die Schuld, die ich auf mich geladen
habe, bitte ich um Verzeihung.
An deinem Kreuz laß mich Halt finden.
                                  Franz von Sales

In dieser Nacht

In dieser Nacht
sei du mir Schirm und Wacht;
o Gott, durch deine Macht
wollst mich bewahren
vor Sünd und Leid,
vor Satans List und Neid.

59

Hilf mir im letzten Streit,
in Todsgefahren.

O Jesu mein,
die heilgen Wunden dein
mir sollen Ruhstatt sein
für meine Seele.
In dieser Ruh
schließ mir die Augen zu;
den Leib und alles Gut
ich dir befehle.

O große Frau,
Maria, auf mich schau;
mein Herz ich dir vertrau
in meinem Schlafen.
Auch schütze mich,
Sankt Josef, väterlich.
Schutzengel, streit für mich
mit deinen Waffen.

Köln 1727

IV

DAS KIRCHENJAHR
MITFEIERN

1. ADVENT

Adventslied

„Tauet, Himmel, den Gerechten,
Wolken, regnet ihn herab!"
rief das Volk in bangen Nächten,
dem Gott die Verheißung gab,
einst den Mittler selbst zu sehen
und zum Himmel einzugehen;
denn verschlossen war das Tor,
bis der Heiland trat hervor.

Voll Erbarmen hört das Flehen
Gott, der unser Vater ist.
Alle Völker sollen sehen
den Erlöser Jesus Christ.
Gottes Engel kam hernieder,
brachte diese Antwort wieder:
„Sieh, ich bin des Herren Magd;
mir gescheh, wie du gesagt!"

Sankt Johannes läßt erschallen
seinen Ruf: „Kehrt um, erwacht!"
Denn es naht das Heil uns allen;
es ist Tag, vorbei die Nacht.
Laßt in diesen Gnadenzeiten
uns das Herz für Gott bereiten!
Wandelt auf des Lichtes Bahn,
ziehet Jesus Christus an!

62

Komm, o Herr, hilf uns erfüllen,
was dein Wort uns kundgetan,
daß nach deines Vaters Willen
alles sich erneuern kann;
laß der Welt Gestalt vergehen,
laß sie neu in dir erstehen,
daß am Ende dieser Zeit
sie erstrahlt in Herrlichkeit.   Nach Denis 1774

Adventshymnus

Hört, eine helle Stimme ruft
und dringt durch Nacht und Finsternis:
Wacht auf und lasset Traum und Schlaf –
am Himmel leuchtet Christus auf.

Dies ist der Hoffnung lichte Zeit;
der Morgen kommt, der Tag bricht an:
ein neuer Stern geht strahlend auf,
vor dessen Schein das Dunkel flieht.

Vom Himmel wird als Lamm gesandt,
der alle Sünde auf sich nimmt.
Wir blicken gläubig zu ihm auf
und bitten ihn um sein Verzeihn,

daß, wenn im Licht er wiederkommt,
sein Glanz die Welt mit Schrecken schlägt,
er nicht die Sünde strafend rächt,
uns liebend vielmehr bei sich birgt.

Ruhm, Ehre, Macht und Herrlichkeit
sei Gott dem Vater und dem Sohn,
dem Geiste, der uns Beistand ist,
durch alle Zeit und Ewigkeit. Amen.

Hymnus in den Laudes des Advents, Verfasser unbekannt

63

Die sieben O-Antiphonen

O Weisheit, hervorgegangen aus dem Munde des Höchsten – die Welt umspannst du von einem Ende zum andern, in Kraft und Milde ordnest du alles: o komm und offenbare uns den Weg der Weisheit und der Einsicht!

O Adonai, Herr und Führer des Hauses Israel, im flammenden Dornbusch bist du dem Mose erschienen und hast ihm auf dem Berg das Gesetz gegeben: o komm und befreie uns mit deinem starken Arm!

O Sproß aus Isais Wurzel, gesetzt zum Zeichen für die Völker – vor dir verstummen die Herrscher der Erde, dich flehen an die Völker: o komm und errette uns, erhebe dich, säume nicht länger!

O Schlüssel Davids, Zepter des Hauses Israel – du öffnest, und niemand kann schließen, du schließt, und keine Macht vermag zu öffnen: o komm und öffne den Kerker der Finsternis und die Fessel des Todes!

O Morgenstern, Glanz des unversehrten Lichtes, der Gerechtigkeit strahlende Sonne: o komm und erleuchte, die da sitzen in Finsternis und im Schatten des Todes!

O König aller Völker, ihre Erwartung und Sehnsucht; Schlußstein, der den Bau zusammenhält: o komm und errette den Menschen, den du aus Erde gebildet!

O Immanuel, unser König und Lehrer, du Hoffnung und Heiland der Völker: o komm, eile und schaffe uns Hilfe, du unser Herr und unser Gott!

Aus dem Stundenbuch

Kündet allen in der Not

K ündet allen in der Not:
Fasset Mut und habt Vertrauen.
Bald wird kommen unser Gott;
herrlich werdet ihr ihn schauen.

Refrain:
Allen Menschen wird zuteil Gottes Heil.

Gott naht sich mit neuer Huld,
daß wir uns zu ihm bekehren;
er will lösen unsre Schuld,
ewig soll der Friede währen.

Aus Gestein und Wüstensand
werden frische Wasser fließen;
Quellen tränken dürres Land,
überreich die Saaten sprießen.

Blinde schaun zum Licht empor,
Stumme werden Hymnen singen,
Tauben öffnet sich das Ohr,
wie ein Hirsch die Lahmen springen.

Gott wird wenden Not und Leid.
Er wird die Getreuen trösten,
und zum Mahl der Seligkeit
ziehen die vom Herrn Erlösten.

Friedrich Dörr

Adventsgebet

Herr, du willst zu uns kommen und uns heimsuchen mit deiner Wahrheit und Freude; so bereiten wir unsere Herzen in Demut. Wir bekennen:

Dein Kommen haben wir vergessen, wir haben dein nicht geachtet und uns verloren an die vergänglichen Dinge. Wir haben gelebt, als wäre kein Gericht, und unsere Tage vertan wie ein Geschwätz. Wir haben dein Rufen überhört und für deine Heimsuchung uns nicht bereitet. Wir haben vieles gewollt, und eins ist not. Wir bekennen unsere Sünde.

Herr, komme über uns mit deinem Gericht, komme über uns mit unerbittlicher, heiliger Liebe. Komme und wandle uns in einer neuen Geburt, gib uns teil an deinem Leben.

Karl Bernhard Ritter

Magnificat

Meine Seele preist die Größe des Herrn,
und mein Geist jubelt über Gott,
meinen Retter.
Denn auf die Niedrigkeit seiner Magd
hat er geschaut.
    Siehe, von nun an preisen mich selig alle
Geschlechter!
Denn der Mächtige hat Großes an mir getan,
    und sein Name ist heilig.
Er erbarmt sich von Geschlecht zu Geschlecht
    über alle, die ihn fürchten.

Er vollbringt mit seinem Arm machtvolle Taten:
  er zerstreut, die im Herzen voll Hochmut
  sind;
er stürzt die Mächtigen vom Thron
  und erhöht die Niedrigen.
Die Hungernden beschenkt er mit seinen Gaben
  und läßt die Reichen leer ausgehn.
Er nimmt sich seines Knechtes Israel an
  und denkt an sein Erbarmen,
das er unsern Vätern verheißen hat,
  Abraham und seinen Nachkommen auf ewig.

Lk 1, 46–55

Macht hoch die Tür

Macht hoch die Tür, die Tor macht weit,
es kommt der Herr der Herrlichkeit,
ein König aller Königreich,
ein Heiland aller Welt zugleich,
der Heil und Leben mit sich bringt;
derhalben jauchzt, mit Freuden singt.
Gelobet sei mein Gott,
mein Schöpfer reich an Rat.

Macht hoch die Tür, die Tor macht weit,
eur Herz zum Tempel zubereit'.
Die Zweiglein der Gottseligkeit
steckt auf mit Andacht, Lust und Freud;
so kommt der König auch zu euch.
ja Heil und Leben mit zugleich,
Gelobet sei mein Gott,
voll Rat, voll Tat, voll Gnad.

Komm, o mein Heiland Jesu Christ,
meins Herzens Tür dir offen ist.
Ach zieh mit deiner Gnade ein,
dein Freundlichkeit auch uns erschein.
Dein Heilger Geist uns führ und leit
den Weg zur ewgen Seligkeit.
Dem Namen dein, o Herr,
sei ewig Preis und Ehr.

Georg Weißel

2. WEIHNACHT

Weihnachts-Botschaft

Ich verkünde euch eine große Freude,
die dem ganzen Volk zuteil werden soll:
Heute ist euch in der Stadt Davids der Retter
geboren; er ist der Messias, der Herr.

Lk 2,10f

Das Wort ist Fleisch geworden
und hat unter uns gewohnt,
und wir haben seine Herrlichkeit gesehen,
die Herrlichkeit des einzigen Sohnes vom Vater,
voll Gnade und Wahrheit.

Joh 1,14

Heiligste Nacht

Heiligste Nacht! Heiligste Nacht!
Finsternis weichet; es strahlet hienieden
lieblich und prächtig vom Himmel ein Licht,
Engel erscheinen, verkünden den Frieden:
Frieden den Menschen; wer freuet sich nicht?
Kommet, ihr Christen, o kommet geschwind,
sehet die Hirten, wie eilig sie sind.
Eilt mit nach Davids Stadt;
den Gott verheißen hat,
liegt dort als Kind.

Göttliches Kind, göttliches Kind,
du, der gottseligen Väter Verlangen,
Zweig, der dem Stamme des Jesse entsprießt,
laß dich mit inniger Liebe umfangen,
sei uns mit herzlicher Freude gegrüßt.
Göttlicher Heiland, der Christenheit Haupt,
du gibst uns neu, was die Sünde geraubt;
du nimmst auf dich die Schuld
und schenkest deine Huld
jedem, der glaubt.

Liebvolles Kind, liebvolles Kind!
Liebe und Treue dir bring ich zur Gabe,
suche bei dir all mein Leben und Heil.
Jesus, dich lieb ich, und wenn ich dich habe,
hab ich den besten, den göttlichen Teil.
Wenn ich in dir bin, wird alles mich freun,
darum verlang ich, vereinigt zu sein
mit dir, mein Gott und Heil;
du bist mein ewig Teil
und ich bin dein.   Salzburg 1783, Mainz 1974

69

Weihnachtsgebet

Gelobt seist du, Vater der Barmherzigkeit, du hast deine Verheißungen erfüllt und deine Liebe offenbart. Du läßt die Welt nicht versinken in der Finsternis des Irrtums und dem Verderben der Sünde.

Darum nimmt deine Liebe unsere Gestalt an, damit du, ewiger Gott, uns nicht mehr ferne und fremd seist. Du wirst Mensch, damit wir göttlich würden. Wir preisen dich, Herr, und beten dich an.

Herr, wir bitten dich, verleihe uns, daß das Licht dieser heiligen Nacht in unseren Seelen aufstrahle und sie mit Freude erfülle. Präge das Bild deines Sohnes in unsere Herzen und Sinne. Kehre ein bei uns mit allen deinen Wundern. Wandle uns durch deine Liebesmacht.

Ja, du wolltest, o Herr, diese Welt neu schaffen durch deine Liebe. O Herr, laß den Glanz der Weihnacht in alle Dunkelheit dringen. Richte auf, die gebeugt sind, die unter Lasten gehen, erfreue, die angefochten sind, durch das Licht, das in der Krippe aufstrahlt.

Gib allen Trauernden deinen Frieden, Freiheit von Sorge und Plage den Mühseligen und Beladenen. Du erquickest die müden Herzen. Du stärkst die Alten mit ewiger Jugend. Herr, was du angefangen hast, du wirst es vollenden. Dein Reich komme.   Karl Bernhard Ritter

Unfaßbarer Gott

Wir suchen dich nicht.
Wir finden dich nicht.
Du suchst und du findest uns,
Ewiges Licht.

Wir lieben dich wenig,
Wir dienen dir schlecht,
Du liebst und du dienst uns,
Ewiger Knecht.

Wir eifern im Unsern
Am selbstischen Ort,
Du mußt um uns eifern,
Ewiges Wort.

Wir können dich, Kind
In der Krippe, nicht fassen.
Wir können die Botschaft nur
Wahr sein lassen.   Albrecht Goes

Weihnachtslied

In tiefer Nacht trifft uns die Kunde:
der Lauf des Morgensterns beginnt.
Ein Menschensohn ist uns geboren,
Gott wird uns retten, heißt das Kind.
Tut auf das Herz, glaubt euren Augen,
vertraut euch dem Geschauten an;
denn Gottes Wort stieg aus der Höhe
und ist uns menschlich zugetan.

Kein andres Zeichen ist uns eigen,
kein Licht in unsrer Finsternis
als dieser Mensch, mit dem wir leben,
ein Gott, der unser Bruder ist.
Singt eurem Gott, er hat in Jesus
uns seine Liebe zuvertraut.
So wird die Welt zur neuen Erde,
bis alles Fleisch sein Heil erschaut.

Und wie der Sohn mit seinem Segen
in Brand und Licht als Bräutigam,
so wird der Friedensfürst erscheinen,
weil endlich seine Stunde kam.
Er eint die Menschen, seine Liebe
verbreitet sich von Mund zu Mund.
Er hat uns seinen Leib gegeben.
So feiern wir den neuen Bund.   Huub Oosterhuis

Ochs und Esel

Jeder Ochse weiß, wo er zu Hause ist,
und jeder Esel spürt, wem er gehört.
Nur wir Menschen irren heimatlos
von Frage zu Frage, von Haus zu Haus,
von Herr zu Herr, von Götze zu Götze.
So laß mich dich erkennen, großer Gott.
als Mensch unter Menschen
in wahrer Menschlichkeit.   Anton Rotzetter

Unbegreifliche Liebe

Dein Sohn, heiliger Vater, ist wahrhaft Mensch geworden. Anbetend beugen wir das Knie. Denn wer mag ermessen diese Unbegreiflichkeit deiner Liebe; so sehr hast du die Welt geliebt, daß die Menschen Ärgernis nehmen an deiner Liebe und das Wort von der Menschwerdung deines Sohnes Torheit und Irrsinn nennen. Wir aber glauben an diese Unbegreiflichkeit, an die vernichtende Kühnheit deiner Liebe. Und weil wir glauben, können wir in seliger Hoffnung aufjubeln: Christus in uns ist die Hoffnung der Herrlichkeit. Denn wenn du uns deinen Sohn schenkst, was könnte dann noch sein, was du etwa zurückbehalten hättest, was könnte sein, das du uns verweigertest? Wenn wir deinen Sohn, dem du alles, dein eigenes Wesen gegeben, besitzen, was könnte uns da noch fehlen?   Karl Rahner

Nun freut euch

nun freut euch, ihr Christen, singet Jubellieder
und kommet, o kommet nach Betlehem.
Christus, der Heiland, stieg zu uns hernieder.

Refrain 1.–4. Strophe:
Kommt, lasset uns anbeten,
kommt, lasset uns anbeten,
kommt, lasset uns anbeten den König, den Herrn.

4. EPIPHANIE – ERSCHEINUNG DES HERRN – DREIKÖNIGSTAG

Licht in Finsternis

Finsternis bedeckt die Erde
und Dunkel die Völker,
doch über dir geht leuchtend der Herr auf,
seine Herrlichkeit erscheint über dir.
Völker wandern zu deinem Licht
und Könige zu deinem strahlenden Glanz.

Jes 60,2 f

Epiphanie-Hymnus

Ihr alle, die ihr Christus sucht,
erhebt zum Himmel euren Blick,
da geht vor euren Augen auf
das Zeichen ew'ger Herrlichkeit:

Ein Stern, der selbst den Sonnenball
an Glanz und Feuer überstrahlt,
verkündet heute aller Welt,
daß Gott im Fleisch erschienen ist.

Und Weise, fern im Orient,
erkennen deutend diesen Stern
als Zeichen, daß ein Königskind
der Welt zum Heil geboren ist.

„Wer ist es", fragen sie bestürzt,
„dem Licht und Sterne dienstbar sind,
dem sich der Himmel unterwirft,
der über die Gestirne herrscht?

Ein großes Leuchten schauen wir,
erhaben, weit und grenzenlos,
ein Leuchten, das kein Ende kennt,
das älter als der Himmel ist."

Er ist es, aller Völker Herr,
der König über Judas Haus,
der Abraham verheißen ward
und allen, die ihm Söhne sind.

Herr Jesus, dir sei Ruhm und Preis,
der du uns heut erschienen bist,
dem Vater und dem Geist zugleich
durch alle Zeit und Ewigkeit. Amen.

Prudentius nach 405

5. FASTENZEIT = ÖSTERLICHE BUSSZEIT

Hymnus zur Fastenzeit

Nun ruft ein heil'ges Fasten aus,
wie es die Väter uns gelehrt.
Gekommen ist im Jahreslauf
der vierzig Tage heil'ge Zeit.

So hat es das Gesetz verlangt,
so der Propheten ernster Ruf.
Und Christus selbst hat diese Zeit
geheiligt durch sein eignes Tun.

Nach seinem Beispiel laßt auch uns
das Fasten üben in Geduld,
uns Abbruch tun in Speis und Trank,
nachsinnen über Gottes Wort.

Das Böse schwinde kraftlos hin,
das Gute blühe machtvoll auf,
Versöhnung finde jedes Herz,
das sich dem Werk der Buße weiht.

Dir, höchster Gott, Dreifaltigkeit,
lobsinge alles, was da lebt.
Laß uns, durch deine Gnade neu,
dich preisen durch ein neues Lied.

Hymnus der Lesehore an Sonntagen der Fastenzeit; um 600

Sei mir gnädig

Gott, sei mir gnädig nach deiner Huld,
tilge meine Frevel
nach deinem reichen Erbarmen.
Wasch meine Schuld von mir ab,
und mach mich rein von meiner Sünde!
Denn ich erkenne meine bösen Taten,
meine Sünde steht mir immer vor Augen.

Psalm 51, 3–5

Confiteor

Ich bekenne Gott, dem Allmächtigen, und allen
Brüdern und Schwestern, daß ich Gutes unter-
lassen und Böses getan habe – ich habe gesündigt in Gedanken, Worten und Werken – durch
meine Schuld, durch meine Schuld, durch meine
große Schuld. Darum bitte ich die selige Jungfrau
Maria, alle Engel und Heiligen und euch, Brüder
und Schwestern, für mich zu beten bei Gott, unserem Herrn.
Der allmächtige Gott erbarme sich unser. Er lasse
uns die Sünden nach und führe uns zum ewigen
Leben. Amen.

Meßbuch

Jesus nachfolgen

Jesus sagte zu seinen Jüngern:
Wer mein Jünger sein will, der verleugne sich
selbst, nehme sein Kreuz auf sich und folge mir
nach.

Mt 16, 24

79

Das Schwerste

Endlich aber bitte ich dich um das Schwerste und Härteste: um die Gnade, in allem Leid meines Lebens das Kreuz deines Sohnes zu erkennen, in ihm deinen heiligen unerforschlichen Willen anzubeten, deinem Sohn auf seinem Kreuzweg nachzufolgen, solange es dir gefallen mag.

Karl Rahner

Du, Anwalt der Armen

Du Anwalt der Armen
Ich möchte Anteil haben an Deiner Liebe
für die Armen

hungern mit den Hungernden
Durst haben mit den Durstigen
verzichten, weil so viele nichts haben
Lehr mich ein Fasten, wie es Dir gefällt

Öffne meine Augen für die vielfältige Armut
Laß mich ein Herz haben für die Bedürftigen
und tun, was in meinen Kräften liegt

Mach mich in dieser Fastenzeit zum Anwalt
der Armen
Dir gleich
Du Anwalt der Armen

Anton Rotzetter

„Wenn ich, der Herr und Meister,
euch die Füße gewaschen habe,
dann müßt auch ihr einander die Füße waschen.
Ich habe euch ein Beispiel gegeben ..." Joh 13,14f

Fußwaschung. Älteste romanische Kirchendecke, 1130,
St. Martin in Zillis/Graubünden.

6. ÖSTERLICHES TRIDUUM UND OSTERZEIT

Beim letzten Abendmahle

Beim letzten Abendmahle,
die Nacht vor seinem Tod,
nahm Jesus in dem Saale
Gott dankend Wein und Brot.

„Nehmt", sprach er, „trinket, esset:
das ist mein Fleisch, mein Blut,
damit ihr nie vergesset,
was meine Liebe tut."

Dann ging er hin, zu sterben
aus liebevollem Sinn,
gab, Heil uns zu erwerben,
sich selbst zum Opfer hin.

Christoph von Schmid 1807

Der Schmerzensmann

Er wurde verachtet
und von den Menschen gemieden,
ein Mann voller Schmerzen,
mit Krankheit vertraut ...
Aber er hat unsere Krankheit getragen
und unsere Schmerzen auf sich geladen.
Wir meinten, er sei von Gott geschlagen,
von ihm getroffen und gebeugt.

Doch er wurde durchbohrt
wegen unserer Verbrechen,
wegen unserer Sünden zermalmt.
Zu unserem Heil lag die Strafe auf ihm,
durch seine Wunden sind wir geheilt.
Wir hatten uns alle verirrt wie Schafe,
jeder ging für sich seinen Weg.
Doch der Herr lud auf ihn
die Schuld von uns allen.
Er wurde mißhandelt und niedergedrückt,
aber er tat seinen Mund nicht auf.
Wie ein Lamm, das man zum Schlachten führt,
und wie ein Schaf angesichts seiner Scherer,
so tat auch er seinen Mund nicht auf.

Aus dem vierten Gottesknechtslied: Jes 53, 3–7

O Haupt voll Blut und Wunden

O Haupt voll Blut und Wunden,
voll Schmerz und voller Hohn,
o Haupt, zum Spott gebunden
mit einer Dornenkron,
o Haupt, sonst schön gekrönet
mit höchster Ehr und Zier,
jetzt aber frech verhöhnet:
gegrüßet seist du mir.

Du edles Angesichte,
vor dem sonst alle Welt
erzittert im Gerichte,
wie bist du so entstellt.

Wie bist du so erbleichet,
wer hat dein Augenlicht,
dem sonst ein Licht nicht gleichet,
so schändlich zugericht't.

Die Farbe deiner Wangen,
der roten Lippen Pracht
ist hin und ganz vergangen;
des blassen Todes Macht
hat alles hingenommen,
hat alles hingerafft,
und so bist du gekommen
von deines Leibes Kraft.

Was du, Herr, hast erduldet,
ist alles meine Last;
ich, ich hab' es verschuldet,
was du getragen hast.
Schau her, hier steh' ich Armer,
der Zorn verdienet hat;
gib mir, o mein Erbarmer,
den Anblick deiner Gnad.

Ich danke dir von Herzen,
o Jesu, liebster Freund,
für deines Todes Schmerzen,
da du's so gut gemeint.
Ach gib, daß ich mich halte
zu dir und deiner Treu
und, wenn ich einst erkalte,
in dir mein Ende sei.

Wenn ich einmal soll scheiden,
so scheide nicht von mir.
Wenn ich den Tod soll leiden,
so tritt du dann herfür.

Wenn mir am allerbängsten
wird um das Herze sein,
so reiß mich aus den Ängsten
kraft deiner Angst und Pein.

Erscheine mir zum Schilde,
zum Trost in meinem Tod,
und laß mich sehn dein Bilde
in deiner Kreuzesnot.
Da will ich nach dir blicken,
da will ich glaubensvoll
dich fest an mein Herz drücken.
Wer so stirbt, der stirbt wohl.

Arnulf von Löwen um 1250, Übersetzung nach P. Gerhardt 1656

Bis zum Tod am Kreuz

Er erniedrigte sich und war gehorsam bis
zum Tod,
bis zum Tod am Kreuz.
Darum hat ihn Gott über alle erhöht
und ihm den Namen verliehen,
der größer ist als alle Namen,
damit alle im Himmel, auf der Erde
und unter der Erde ihre Knie beugen
vor dem Namen Jesu
und jeder Mund bekennt:
„Jesus Christus ist der Herr" –
zur Ehre Gottes, des Vaters.   Phil 2, 8–11

84

Der Baum des Kreuzes

Heilig Kreuz, du Baum der Treue,
edler Baum, dem keiner gleich,
keiner so an Laub und Blüte,
keiner so an Früchten reich:
Süßes Holz, o süße Nägel,
welche süße Last an euch.

Beuge, hoher Baum, die Zweige,
werde weich an Stamm und Ast,
denn dein hartes Holz muß tragen
eine königliche Last,
gib den Gliedern deines Schöpfers
an dem Stamme linde Rast.

Du allein warst wert, zu tragen
aller Sünden Lösegeld,
du, die Planke, die uns rettet
aus dem Schiffbruch dieser Welt.
Du, gesalbt vom Blut des Lammes,
Pfosten, der den Tod abhält.

Aus dem Kreuzeshymnus des Venantius Fortunatus

Kreuzverehrung

Dein Kreuz, o Herr, verehren wir, und deine
heilige Auferstehung preisen und rühmen
wir: Denn siehe, durch das Holz des Kreuzes kam
Freude in alle Welt.

Antiphon am Beginn der Kreuzesverehrung

Ostersequenz

Dem Osterlamm, das geopfert ward,
weihet, ihr Christen, das Opfer des Lobes!
Das Lamm erlöste die Schafe:
Christus, der ohne Schuld,
versöhnte die schuldige Welt mit dem Vater.
Tod und Leben stritten im Kampfe,
wie nie einer war:
der Fürst des Lebens erlag dem Tod:
zum Leben erstanden,
triumphiert er als König.
Maria, sage uns an:
Was hast du auf dem Wege gesehen?
Ich sah das Grab,
und Christus sah ich, der lebt!
In seiner Klarheit sah ich den erstandenen
Herrn.
Ich sah das Tuch und die Linnen
und sah die Engel,
die sagten mir sichere Kunde.
Ja, auferstanden ist Christus,
er, meine Hoffnung!
Nach Galiläa geht er den Seinen voran.
Wir wissen: Christus ist auferstanden!
Wahrhaft erstanden vom Tode!
Du Sieger, du unser König,
erbarme dich unserer Not!
Amen. Halleluja.

Ostersequenz: Wipo von Burgund, † nach 1046

Das ist der Tag, den der Herr gemacht;
laßt uns jubeln und seiner uns freuen.
Halleluja.   Österliches Responsorium aus Psalm 118,24

Das Ostergeheimnis leben

Unsere christliche Existenz besteht darin,
daß wir ständig das Ostergeheimnis leben:
Kleine Tode – einer nach dem anderen,
gefolgt von Ansätzen einer Auferstehung.

Roger Schutz

Wälz den Stein weg

Gott, wälz den Stein weg,
der mich hindert zu glauben.
Ich möchte glauben, daß du das Leben bist
und daß du den Tod überwindest.
Ich möchte glauben,
daß du bereits damit begonnen
und Jesus zu einem neuen Leben
auferweckt hast.
Wälz den Stein weg, damit ich glaube
und auferstehe zu einem frohen Leben.

Anton Rotzetter

Du selbst mußt auferstehen

O ich beschwöre euch, ihr mächtigen Engel,
die ihr am Ostermorgen das Felsengrab
sprengtet,
sprengt auch den härteren Fels
der erkalteten Liebe!
Denn Christ ward abermals zum Tod verurteilt
und liegt versargt in den eisigen Grabeskammern
einer verlorenen Welt. –
O naht euch, ihr Engel,
und weckt den begrabenen Christ! –
Aber die Engel bewahrten leuchtendes Schweigen
Endlich bog sich einer herab
und raunte mir mildreich ins Ohr:
Nein, wecke du ihn, denn wisse,
aus diesem Tod kann nur die Seele ihn retten. –
Geh in dein eigenes Herz und wälze den Stein
von der Türe des Grabesdunkeln:
Du selbst mußt auferstehn –
Christ ist erstanden.

Gertrud von le Fort

Öffne uns die Augen

Herr Jesus Christus, wir danken dir, daß du
für uns gestorben und auferstanden bist.
Durch deinen Tod hast du den Tod vernichtet und
durch deine Auferstehung das Leben neu geschaffen. Vermehre in uns den Glauben an das
neue Leben.
Öffne uns für die österliche Botschaft, damit uns
die Augen aufgehen für die Herrlichkeit deiner
Auferstehung.

Aus Gotteslob 777, 1

7. CHRISTI HIMMELFAHRT

Biblische Botschaft

Als er das gesagt hatte, wurde er vor ihren Augen emporgehoben, und eine Wolke nahm ihn auf und entzog ihn ihren Blicken. Während sie unverwandt ihm nach zum Himmel emporschauten, standen plötzlich zwei Männer in weißen Gewändern bei ihnen und sagten:
Ihr Männer von Galiläa, was steht ihr da und schaut zum Himmel empor? Dieser Jesus, der von euch ging und in den Himmel aufgenommen wurde, wird ebenso wiederkommen, wie ihr ihn habt zum Himmel hingehen sehen. Apg 1,9–11

Fürbitten

Laßt uns zu Jesus Christus beten, der in den Himmel aufgefahren ist und zur Rechten des Vaters thront:

R Du König der Herrlichkeit, höre uns.

Für alle Christen, die heute das Fest deiner Himmelfahrt begehen;
– gib, daß sie in Freude deine Wiederkunft erwarten.
Deine Jünger sind vom Berg der Himmelfahrt voll Freude heimgekehrt und haben Gott gepriesen;

– hilf deiner Kirche, allezeit dem Vater zu danken.

Vor deiner Himmelfahrt hast du deine Jünger ausgesandt;

– sende auch heute Arbeiter in deine Ernte.

Beschütze alle, die heute unterwegs sind;

– bewahre sie vor Unglück und führe sie an das Ziel ihrer Reise.

Erbarme dich unserer Verstorbenen;

– laß ihnen das Licht deiner Herrlichkeit leuchten.

Freude und Dankbarkeit

Allmächtiger, ewiger Gott, erfülle uns mit Freude und Dankbarkeit, denn in der Himmelfahrt deines Sohnes hast du den Menschen erhöht. Schenke uns das feste Vertrauen, daß auch wir zu der Herrlichkeit gerufen sind, in die Christus uns vorausgegangen ist.

Tagesgebet der Festmesse

8. PFINGSTEN

Biblische Botschaft

Als der Pfingsttag gekommen war, befanden sich alle am gleichen Ort. Da kam plötzlich vom Himmel her ein Brausen, wie wenn ein heftiger Sturm daherfährt, und erfüllte das ganze Haus, in dem sie waren. Und es erschienen ihnen Zungen wie von Feuer, die sich verteilten; auf jeden von ihnen ließ sich eine nieder. Alle wurden mit dem Heiligen Geist erfüllt und begannen, in fremden Sprachen zu reden, wie es der Geist ihnen eingab. Apg 2,1–4

Hymnus zum Heiligen Geist

Komm, Heil'ger Geist, der Leben schafft,
erfülle uns mit deiner Kraft.
Dein Schöpferwort rief uns zum Sein:
Nun hauch uns Gottes Odem ein.

Komm, Tröster, der die Herzen lenkt,
du Beistand, den der Vater schenkt;
aus dir strömt Leben, Licht und Glut,
du gibst uns Schwachen Kraft und Mut.

Dich sendet Gottes Allmacht aus
im Feuer und in Sturmes Braus;
du öffnest uns den stummen Mund
und machst der Welt die Wahrheit kund.

Entflamme Sinne und Gemüt,
daß Liebe unser Herz durchglüht
und unser schwaches Fleisch und Blut
in deiner Kraft das Gute tut.

Die Macht des Bösen banne weit,
schenk deinen Frieden allezeit.
Erhalte uns auf rechter Bahn,
daß Unheil uns nicht schaden kann.

Laß gläubig uns den Vater sehn,
sein Ebenbild, den Sohn, verstehn,
dem Geist vertraun, der uns durchdringt
und uns das Leben Gottes bringt.

Sende aus deinen Geist,
und alles wird neu geschaffen.
Und du wirst das Antlitz der Erde erneuern.

Lasset uns beten. Gott, du hast die Herzen der
Gläubigen durch die Erleuchtung des Heiligen
Geistes gelehrt. Gib, daß wir in diesem Geist
erkennen, was recht ist, und allezeit seinen
Trost und seine Hilfe erfahren. Darum bitten
wir durch Christus, unseren Herrn. Amen.

Hymnus von Rabanus Maurus, Gebet aus dem Meßbuch

Atme in mir

Atme in mir, du Heiliger Geist,
daß ich Heiliges denke.
Treibe mich, du Heiliger Geist,
daß ich Heiliges tue.
Locke mich, du Heiliger Geist,
daß ich Heiliges liebe.
Stärke mich, du Heiliger Geist,
daß ich das Heilige hüte.
Hüte mich, du Heiliger Geist,
daß ich es nimmer verliere.

St. Augustinus zugeschrieben

Pfingst-Sequenz

Komm herab, o Heil'ger Geist,
der die finstre Nacht zerreißt,
strahle Licht in diese Welt.

Komm, der alle Armen liebt,
komm, der gute Gaben gibt,
komm, der jedes Herz erhellt.

Höchster Tröster in der Zeit,
Gast, der Herz und Sinn erfreut,
köstlich Labsal in der Not.

In der Unrast schenkst du Ruh,
hauchst in Hitze Kühlung zu,
spendest Trost in Leid und Tod.

Komm, o du glückselig Licht,
fülle Herz und Angesicht,
dring bis auf der Seele Grund.

Ohne dein lebendig Wehn
kann im Menschen nichts bestehn,
kann nichts heil sein noch gesund.

Was befleckt ist, wasche rein,
Dürrem gieße Leben ein,
heile du, wo Krankheit quält.

Wärme du, was kalt und hart,
löse, was in sich erstarrt,
lenke, was den Weg verfehlt.

Gib dem Volk, das dir vertraut,
das auf deine Hilfe baut,
deine Gaben zum Geleit.

Laß es in der Zeit bestehn,
deines Heils Vollendung sehn
und der Freuden Ewigkeit.

Pfingstsequenz von Stephan Langton, † 1228

Ruf in mir, Heiliger Geist

Ruf in mir
Heiliger Geist
Nach Gott und seiner Gerechtigkeit

Bet in mir
Heiliger Geist
Um Freude und Zuversicht

Schrei in mir
Heiliger Geist
Nach Freiheit und Leben

Wein in mir
Heiliger Geist
Vor Schmerz und Trauer

Klag in mir
Heiliger Geist
Über Trennung und Tod

Sing in mir
Heiliger Geist
Das Lied der Befreiung

Juble mit mir
Heiliger Geist
Im Land der Lebendigen   Anton Rotzetter

Sende deinen Geist

Herr, du kennst unser Elend:
Wir reden miteinander und verstehen uns
nicht.
Wir schließen Verträge und vertragen uns nicht.
Wir sprechen vom Frieden und rüsten zum Krieg.
Zeig uns einen Ausweg.
Sende deinen Geist,
damit er den Kreis des Bösen durchbricht
und das Angesicht der Erde erneuert.

Tagesgebet Meßbuch II

9. HOCHFEST DES LEIBES UND BLUTES CHRISTI

Biblische Botschaft

J esus sagte zu ihnen: ... Wer mein Fleisch ißt und mein Blut trinkt, hat das ewige Leben, und ich werde ihn auferwecken am Letzten Tag. Denn mein Fleisch ist wirklich eine Speise, und mein Blut ist wirklich ein Trank. Wer mein Fleisch ißt und mein Blut trinkt, der bleibt in mir, und ich bleibe in ihm.   Joh 6, 54–56

Fronleichnams-Hymnus

D as Geheimnis laßt uns künden, das uns Gott im Zeichen bot: Jesu Leib, für unsre Sünden hingegeben in den Tod. Jesu Blut, in dem wir finden Heil und Rettung aus der Not.

Von Maria uns geboren, ward Gott Sohn uns Menschen gleich, kam zu suchen, was verloren, sprach das Wort vom Himmelreich, hat den Seinen zugeschworen: Allezeit bin ich bei euch.

Auf geheimnisvolle Weise
macht' er dies Versprechen wahr:
als er in der Jünger Kreise
bei dem Osterlamme war,
gab in Brot und Wein zur Speise
sich der Herr den Seinen dar.

Gottes Wort, ins Fleisch gekommen,
wandelt durch sein Wort den Wein
und das Brot zum Mahl der Frommen,
lädt auch die Verlornen ein.
Der Verstand verstummt beklommen,
nur das Herz begreift's allein.

Gott ist nah in diesem Zeichen:
Kniet hin und betet an!
Das Gesetz der Furcht muß weichen,
da der neue Bund begann;
Mahl der Liebe ohnegleichen:
nehmt im Glauben teil daran.

Gott dem Vater und dem Sohne
singe Lob, du Christenheit;
auch dem Geist auf gleichem Throne
sei der Lobgesang geweiht.
Bringet Gott im Jubeltone
Ehre, Ruhm und Herrlichkeit. Amen.

Thomas von Aquin 13. Jh.

Wer kann da Korn anschaun

Wer kann da Korn anschaun
und nicht gedenken,
welch edle Speis es ist,
und's nicht gedenken!

Wer kann da Wein anschaun
und nicht gedenken,
welch edler Trank es ist,
und's nicht gedenken!

Wer kann da Christe sein
und nicht gedenken,
wes Fleisch und Blut er eß und trink,
und's nicht gedenken!

Guido Gezelle, fläm. Priester 1830–1899

Tagesgebet

Herr Jesus Christus, im wunderbaren Sakrament des Altares hast du uns das Gedächtnis deines Leidens und deiner Auferstehung hinterlassen. Gib uns die Gnade, die heiligen Geheimnisse deines Leibes und Blutes so zu verehren, daß uns die Frucht der Erlösung zuteil wird.

10. HERZ-JESU-FEST

Biblische Botschaft

Kommt alle zu mir, die ihr euch plagt und schwere Lasten zu tragen habt. Ich werde euch Ruhe verschaffen. Nehmt mein Joch auf euch und lernt von mir; denn ich bin gütig und von Herzen demütig; so werdet ihr Ruhe finden für eure Seele. Denn mein Joch drückt nicht, und meine Last ist leicht.   Mt 11,28 f

Herz-Jesu-Lied

Herz Jesu, Gottes Opferbrand,
der unsre Lieb entfachte!
O Herz, in Nacht zu uns gesandt,
als Schuld den Tod uns brachte!
Wir stachen dich mit Spott und Wut,
du tauftest uns mit deinem Blut.
Nun müssen wir dich lieben.

Wer liebt, der kehrt zu dir nach Haus
und ist der Nacht entrissen.
Er sendet neu mit dir sich aus
als Licht zu Finsternissen.
Du bist die Sonne, wir der Schein,
wir können ohne dich nicht sein
und ohne dich nicht lieben.

Herz Jesu, Trost der ganzen Welt,
mach unser Herz zu deinem!
Nimm unsre Herzen ungezählt
und mach sie zu einem!
Laß uns den Haß, das bittre Leid
fortlieben aus der dunklen Zeit:
Laß uns dein Reich erscheinen!

Franz Johannes Weinrich 1935

Mensch sein nach dem Herzen des Herrn

Ich bin meiner selbst so müde.
Mutlos werde ich,
wenn ich wahrzunehmen wage,
wieviel Widerstand gegen dich, mein Gott,
in meinem Herzen nistet.
Wieviel Böses wohnt in mir,
auch wenn vieles nicht zum Ausdruck kommt,
wieviel Gleichgültigkeit,
wieviel Unfähigkeit zu liebender Hingabe.
Manchmal träume ich, Herr,
von einem neuen Herzen.
Ein Herz ersehne ich mir,
das sich ganz an dich verliert,
ein Herz, das für dich brennt
und deinen Willen liebhat,
ein Herz voll Vertrauen,
ein Herz, in dem Raum ist für die Leidenden,
ein Herz, das sich nicht ängstlich einmauert,
sondern wagt, seine Verwundbarkeit
anzunehmen,
weil es aus deiner heilenden Liebe lebt,

ein Herz, das mitten im Lärm
deine Stimme erkennt;
in dem dein Lobpreis lebendig ist.
Laß mich nicht müde werden, mein Gott,
ein solches Herz von dir zu erbitten.

Sabine Naegeli

11. ERNTEDANKFEST

Dankgebet

Himmlischer Vater, wir danken dir für die Ernte dieses Jahres. Du kleidest die Lilien des Feldes und ernährst die Vögel des Himmels. In deiner Hand stehen Wachstum und Gedeihen. So hast du auch in diesem Jahr das menschliche Mühen um eine gute Ernte mit deinem Segen begleitet.

Wir danken dir für die Vielfalt der Nahrung, die du bei uns und in anderen Ländern reifen ließest. Wir danken auch den ungezählten Menschen, die im Schweiße ihres Angesichtes zu unserer Ernährung beigetragen haben. Wir danken dir auch, daß du in deiner Allmacht und Güte die menschliche Arbeit in allen Berufen und Bereichen unseres Lebens gesegnet und zum Erfolg geführt hast. Denn wir wissen im Glauben um die Wahrheit des Psalmverses:

Wenn der Herr das Haus nicht baut, bauen die Bauleute vergebens. Wenn der Herr die Stadt nicht bewacht, wachen die Wächter umsonst (127, 1).

Erleuchte und stärke uns, daß wir deine reichen und vielgestaltigen Gaben nicht geringachten oder gar mißbrauchen.

Gib uns ein waches Gespür, daß wir deine Schöpfung nicht gefährden, sondern sie den kommenden Generationen als lebens- und liebenswert erhalten.

Öffne unsere Herzen und Hände für alle Hungernden und Bedrängten. Laß uns in ihnen unsere Brüder und Schwestern erkennen, mit denen wir das uns anvertraute Brot teilen.

Erhalte uns alle in deiner Liebe und in deinem Frieden.

Adolf Adam

Wachstum und Gedeihen

Wir pflügen und wir streuen
den Samen auf das Land;
doch Wachstum und Gedeihen
steht in des Himmels Hand;
der tut mit leisem Wehen
sich mild und heimlich auf
und träuft, wenn wir heimgehen,
Wuchs und Gedeihen drauf.

Er sendet Tau und Regen
und Sonn' und Mondenschein
und wickelt seinen Segen
gar zart und künstlich ein
und bringt ihn dann behende
in unser Feld und Brot;
es geht durch unsre Hände;
kommt aber her von Gott.

Was nah ist und was ferne,
von Gott kommt alles her,
der Strohhalm und die Sterne,
das Sandkorn und das Meer.
Von ihm sind Büsch und Blätter
und Korn und Obst, von ihm
das schöne Frühlingswetter
und Schnee und Ungestüm.

Er läßt die Sonn' aufgehen,
er stellt des Mondes Lauf,
er läßt die Winde wehen
und tut die Wolken auf.
Er schenkt uns soviel Freude,
er macht uns frisch und rot,
er gibt dem Vieh die Weide
und seinen Menschen Brot.

Matthias Claudius 1740–1815

12. CHRISTKÖNIGS-SONNTAG

Biblische Botschaft

Pilatus sagte zu ihm: Also bist du doch ein König? Jesus antwortete: Du sagst es, ich bin ein König. Ich bin dazu geboren und dazu in die Welt gekommen, daß ich für die Wahrheit Zeugnis ablege. Jeder, der aus der Wahrheit ist, hört auf meine Stimme.

Joh 18, 37

Das Reich des Königs

Du hast deinen eingeborenen Sohn, unseren Herrn Jesus Christus, mit dem Öl der Freude gesalbt zum ewigen Priester und zum König der ganzen Schöpfung. Als makelloses Lamm und friedenstiftendes Opfer hat er sich dargebracht auf dem Altar des Kreuzes, um das Werk der Erlösung zu vollziehen. Wenn einst die ganze Schöpfung seiner Herrschaft unterworfen ist, wird er dir, seinem Vater, das ewige, alles umfassende Reich übergeben: das Reich der Wahrheit und des Lebens, das Reich der Heiligkeit und der Gnade, das Reich der Gerechtigkeit, der Liebe und des Friedens. Durch ihn rühmen dich Himmel und Erde, Engel und Menschen und singen das Lob deiner Herrlichkeit.

Aus der Präfation des Christkönigssonntags

V

AM GRÖSSTEN ABER IST DIE LIEBE

Warum so wenig Liebe?

Ich liebe mich,
du liebst dich,
er liebt sich.
Wir lieben uns.
ihr liebt euch,
sie lieben sich.
Warum es wohl bei soviel Liebe
so wenig Liebe unter den Menschen gibt?

Paul Roth

Das Hohelied der Liebe

Ich zeige euch jetzt noch einen anderen Weg,
einen, der alles übersteigt:
Wenn ich in den Sprachen der Engel und Menschen redete, hätte aber die Liebe nicht, wäre ich
dröhnendes Erz oder eine lärmende Pauke.
Und wenn ich prophetisch reden könnte und alle
Geheimnisse wüßte und alle Erkenntnis hätte;
wenn ich alle Glaubenskraft besäße und Berge damit versetzen könnte, hätte aber die Liebe nicht,
wäre ich nichts.
Und wenn ich meine ganze Habe verschenkte,
und wenn ich meinen Leib dem Feuer übergäbe,
hätte aber die Liebe nicht, nützte es mir nichts.
Die Liebe ist langmütig,
die Liebe ist gütig.
Sie ereifert sich nicht,
sie prahlt nicht,
sie bläht sich nicht auf.

Sie handelt nicht ungehörig,
sucht nicht ihren Vorteil,
läßt sich nicht zum Zorn reizen,
trägt das Böse nicht nach.
Sie freut sich nicht über das Unrecht,
sondern freut sich an der Wahrheit.
Sie erträgt alles,
glaubt alles,
hofft alles,
hält allem stand.
Die Liebe hört niemals auf.   1 Kor 12,31 b – 13,8 a

Jeder diene mit seiner Gabe

Gott, du hast uns verschiedene Gaben geschenkt.
Keinem gabst du alles – und keinem nichts.
Jedem gibst du einen Teil.
Hilf uns, daß wir uns nicht zerstreiten,
sondern einander dienen mit dem,
was du einem jeden zum Nutzen aller gibst.

Tagesgebet aus dem Meßbuch

Wenn das Weizenkorn nicht
in die Erde fällt und stirbt, bleibt es allein;
wenn es aber stirbt, bringt es reiche Frucht.

Joh 12,24

Lied vom Weizenkorn

Das Weizenkorn muß sterben,
sonst bleibt es ja allein;
der eine lebt vom andern,
für sich kann keiner sein.

So gab der Herr sein Leben,
verschenkte sich wie Brot.
Wer dieses Brot genommen,
verkündet seinen Tod.

Wer dies Geheimnis feiert,
soll selber sein wie Brot;
so läßt er sich verzehren
von aller Menschennot.

Als Brot für viele Menschen
hat uns der Herr erwählt;
wir leben füreinander,
und nur die Liebe zählt.

Lothar Zenetti

Zu allen Menschen freundlich

Herr, ich habe sehr viel mit mir selbst zu
tun,
und da sagst du, ich solle allen Menschen
meine Freundlichkeit zeigen.
Ich habe Mühe mit meinem eigenen Schicksal,
ich komme kaum mit meiner Arbeit zurecht,
ich bin ein Mensch, der sich überwinden muß,
ehe er zu anderen spricht.

Du willst, daß ich an sie alle denke:
Die Nachbarn neben mir
und die Bewohner dieser Stadt.
Die Kollegen, Freunde, Konkurrenten
und die vielen Unbekannten.
Du willst, daß ich mich
nicht besser halte als sie,
daß ich ihre Fehler leicht nehme
und ihre Not sehe.

Ich soll an den Monteur denken im
Umspannwerk,
der mir in meinem Haus für Strom sorgt.
An den Wachtmeister auf der Kreuzung,
der mir hilft, lebendig in mein Büro zu
kommen.
Die Zeitungsfrau,
die morgens um sechs zuverlässig
vorbeikommt.
Aber auch an das schwarze Mädchen,
das für meine Kinder den Kakao erntet,
an die hungernde Familie im Busch Afrikas
und den streikenden Arbeiter in Rio.

Ich soll mir vor Augen halten,
daß sie da sind und leben.
Du, Herr, bist nahe.
Dein Gesicht ist es, das sie tragen.
Gib mir Freundlichkeit für sie.   Jörg Zink

Dein Leben hat Sinn

Auch dein Leben hat einen Sinn,
auch dein Leben leitet die Vorsehung:
Und glaube mir:
Jedes Menschenleben hat einen besonderen
Sinn.
Wer weiß,
wie mancher Mensch in deiner Umgebung lebt,
für den gerade du da bist, ohne es zu wissen,
der gerade dein Gebet braucht,
dein Beispiel,
deine helfende Hand,
dein freundliches Wort.

Peter Lippert

Leben heißt dienen

Die Familie des Theologen Leonardo Boff aus
Brasilien ließ auf den Grabstein ihres mit 54
Jahren gestorbenen Vaters folgenden Spruch
meißeln:
Wer nicht lebt, um zu dienen,
ver-dient nicht zu leben.

Dienen gibt Lebenssinn

Ein älterer Arbeiter macht mir Mitteilung vom
Tod seiner Frau. Auf meine teilnehmende
Frage, ob sie lange krank war, kam die Antwort:
„Ich habe sie 15 Jahre gepflegt und war dessen
nie überdrüssig. Manche Leute haben mich be-

mitleidet. Ich aber sagte: Mein Leben hat dadurch einen wunderbaren Sinn bekommen. Ich möchte diese Jahre nicht missen." Adolf Adam

Gottes Liebe weitergeben

Ihr seid von Gott geliebt, seid seine auserwählten Heiligen. Darum bekleidet euch mit aufrichtigem Erbarmen, mit Güte, Demut, Milde, Geduld! Ertragt euch gegenseitig, und vergebt einander, wenn einer dem andern etwas vorzuwerfen hat. Wie der Herr euch vergeben hat, so vergebt auch ihr!
Vor allem aber liebt einander, denn die Liebe ist das Band, das alles zusammenhält und vollkommen macht.
In eurem Herzen herrsche der Friede Christi; dazu seid ihr berufen als Glieder des einen Leibes. Seid dankbar. Kol 3, 12–15

Wie Franziskus beten könnte

Ich weiß, Bruder, du hast Gründe genug zu verzweifeln. Aber ich möchte dir zurufen, es gibt auch tausend Gründe zu hoffen. Laß dein Herz nicht einnehmen von der schwarzen Flut der schlechten Nachrichten.
Um die Welt zu verändern, ändere zuerst deinen Blick.
Ich, Bruder Franz, dein kleiner Diener,
bitte und beschwöre dich:
Betrachte die Welt mit den Augen Jesu.

Er, unser Herr und Bruder, nahm die kleinsten Gesten wahr, wie etwa die Spende der armen Witwe, und freute sich darüber. Bruder, versuche zu sehen, wie das Reich der Liebe langsam emportaucht durch tausend kleine fortgesetzte Taten des Mutes, der Zärtlichkeit, des Widerstandes, die ohne Lärm und Medaille nein sagen zur Logik des Geldes, des Hasses und der Gleichgültigkeit.

Schau gut hin, du wirst erstaunt sein über diese vielen Männer und Frauen, die Tag für Tag aufs neue suchen und erfinden, wie man leben, teilen, hoffen könnte, und die kundmachen, daß das Reich Gottes in Reichweite ist. Sieh dir all die Männer und Frauen an, die statt zu jammern, Gott sei taub, sei lahm und blind und stumm, ihm ihre Augen, Hände, Stimme leihen.

Laß dich aufrichten von der verborgenen Kraft unseres hohen und guten Herrn.

Denn die Welt von heute hat es nötig, diesen „Blick des Herzens" zu bekommen, diese Blumen der Hoffnung zu pflücken, um besser zu atmen, besser zu leben. Aus Frankreich

Anderer Leid mittragen

Keiner von uns will leiden. Wir wollen glücklich sein. Du hast uns so geschaffen. Du bist nicht der Schöpfer von Krankheit und Not, von Krieg und Tod.

„Überall da, wo in die Not
und das Elend dieses Lebens hinein
ein Wort der Liebe gesprochen,
eine Tat der Liebe getan wird,
überall da ist Christ erstanden." S. 118.

Hl. Elisabeth. Nikolaus Glockendon d. Ä., Nürnberg 1525/30.
Kassel, Murhardsche und Landesbibliothek.

Du hättest uns anders erlösen können, ohne Geißel und Kreuz. Du hast am Ölberg Blut geschwitzt aus Angst vor der Folter. Wenn du trotzdem das Kreuz genommen, dann bleibt uns nur eine Erklärung: Weil es keine größere Liebe gibt, als das Leid anderer zu tragen.

Wenn wir dir folgen auf deinem Weg, dann wollen wir alles tun, um das Leid von Menschen zu überwinden, zu beseitigen. Das heißt aber auch, Leid auf sich zu nehmen für andere. Das heißt, fremdes Kreuz zu tragen, so wie du es getragen hast.

Paul Roth

Seligpreisungen

Selig, die das Interesse des anderen (auch der anderen Gruppe, der anderen Gemeinde) lieben wie ihr eigenes — denn sie werden Frieden und Einheit stiften.

Selig, die immer bereit sind, den ersten Schritt zu tun — denn sie werden entdecken, daß der andere viel offener ist, als er es zeigen konnte.

Selig, die nie sagen: Jetzt ist Schluß! — denn sie werden den neuen Anfang finden.

Selig, die erst hören und dann reden — denn man wird ihnen zuhören.

Selig, die das Körnchen Wahrheit in jedem Diskussionsbeitrag heraushören — denn sie werden integrieren und vermitteln können.

Selig, die ihre Position nie ausnützen – denn sie werden geachtet werden.

Selig, die nie beleidigt oder enttäuscht sind – denn sie werden das Klima prägen.

Selig, die unterliegen und verlieren können – denn der Herr kann dann gewinnen.

Klaus Hemmerle

Liebe überwindet Einsamkeit

Mein Herr und Gott, es hat sich für mich so ergeben, daß ich allein lebe. Manchmal freue ich mich zwar über meine Freiheit, aber oft bedrückt mich das Alleinsein, und ich frage mich, was mein Leben soll. Dann laß mich spüren, daß du mich an einen Platz gestellt, an dem du mich haben willst, so wie ich bin, mit meinen Gaben und Fähigkeiten, mit meiner Schwachheit und Unzulänglichkeit, in meiner Einmaligkeit, die du so und nicht anders gewollt hast.
Zeig mir, daß mein Alleinsein nicht Einsamkeit sein muß. Weil ich frei bin, kann ich vieles tun. Weil ich allein bin, kann ich vielen etwas bedeuten. Weil meine Liebe nicht gebunden ist, kann sie sich vielen zuwenden. So kann auch mein Leben erfüllt sein, wenn ich es nur selbst annehme und bejahe. Dazu hilf mir. Gotteslob 9, 3

Es gibt nur eine Hilfe gegen die Einsamkeit, das ist die Liebe; sie dringt durch alle Wände und erreicht das einsamste Herz, wenn es sich öffnet."

Reinhold Schneider

Bist du einsam, besuche einen, der noch einsamer ist als du."

Johannes Paul II.

Werkzeug des Friedens

Herr, mach mich zu einem Werkzeug
deines Friedens,
daß ich liebe, wo man haßt;
daß ich verzeihe, wo man beleidigt;
daß ich verbinde, wo Streit ist;
daß ich die Wahrheit sage, wo Irrtum ist;
daß ich Glauben bringe, wo Zweifel droht;
daß ich Hoffnung wecke, wo Verzweiflung
quält;
daß ich Licht entzünde, wo Finsternis regiert;
daß ich Freude bringe, wo der Kummer wohnt.
Herr, laß mich trachten,
nicht, daß ich getröstet werde,
sondern daß ich tröste;
nicht, daß ich verstanden werde,
sondern daß ich verstehe;
nicht, daß ich geliebt werde,
sondern daß ich liebe.
Denn wer sich hingibt, der empfängt;
wer sich selbst vergißt, der findet;
wer verzeiht, dem wird verziehen;
und wer stirbt, der erwacht zum ewigen Leben.

Aus Frankreich 1913; oft Franz v. Assisi zugeschrieben

Abglanz göttlichen Lichtes

L aß meine Seele, Herr, ein Leuchten sein
und meine Hände, Herr, ein stiller Segen
für alle, die da müd und wartend stehn
an meines Lebens buntverzweigten Wegen.

Laß meine Seele, Herr, voll Güte sein,
die Trost und Frieden wundervoll bereitet,
auch wenn sie selbst in Nacht und Finsternis
durch Lebenssturm und Einsamkeiten schreitet.

Nicht um des Lebens Kronen bitt' ich, Herr,
daß Glück und Lachen meinem Sein begegnet;
laß meine Seele nur ein Leuchten sein
von deinem Licht, so bin ich reich gesegnet.

Verfasser unbekannt

Wann hat Leben Sinn gehabt?

W enn durch einen Menschen ein wenig
mehr Liebe und Güte, ein wenig mehr
Licht und Wahrheit in der Welt war, hat sein Leben einen Sinn gehabt.

Alfred Delp vor seiner Hinrichtung 2. 2. 1945

Die Kunst der kleinen Schritte

Herr, lehre mich die Kunst der kleinen Schritte! Ich bitte nicht um Wunder und Visionen, Herr, sondern um Kraft für den Alltag: ...
Verleihe mir die nötige Phantasie, im rechten Augenblick ein Päckchen Güte, mit oder ohne Worte, an der richtigen Stelle abzugeben.
Mach aus mir einen Menschen, der einem Schiff mit Tiefgang gleicht, um auch die zu erreichen, die „unten" sind.
Bewahre mich vor der Angst, ich könnte das Leben versäumen. Gib mir nicht, was ich mir wünsche, sondern was ich brauche. Lehre mich die Kunst der kleinen Schritte.   Antoine de Saint-Exupéry

Wort und Tat

Denn wer sich einen Christen heißt
und das nicht durch die Tat erweist,
der gleicht noch halb den Heiden.
Das ist unsre größte Not:
Das Wort ist ohne Werke tot.
Nun helf uns Gott zu beiden.

Walter von der Vogelweide

Wir werden einmal alt und müde.
Laßt uns beten, daß unsere Stimmen milder werden und unsere Gesichter Verkünder des Friedens."   Viola Renvall

Überall da, wo in die Not und das Elend dieses Lebens hinein ein Wort der Liebe gesprochen, eine Tat der Liebe getan wird, überall da ist Christ erstanden."

Ferdinand Ebner

VI

FÜR ANDERE BETEN

Vor allem fordere ich zu Bitten und Gebeten, zu Fürbitte und Danksagung auf, und zwar für alle Menschen. *1 Tim 2, 1*

Die Allmacht Gottes einsetzen

Man kann vieles tun, wenn man gar nichts tun kann; man kann die Allmacht selber einsetzen, wo man ganz hilflos ist; man kann eine Seele noch durch die ewige Liebe erreichen, wenn sie einem völlig entzogen wurde. *Gertrud von le Fort*

Das Allgemeine Gebet

Allmächtiger, ewiger Gott; Herr, himmlischer Vater!
Sieh an mit den Augen deiner Barmherzigkeit den Jammer der Menschen, ihr Elend und ihre Not. Erbarme dich aller Gläubigen, für die dein Sohn, unser Herr und Heiland Jesus Christus, sich freiwillig in die Hände der Sünder gegeben und sein kostbares Blut am Stamm des Kreuzes vergossen hat. Durch diesen Herrn Jesus Christus wende ab, gütiger Vater, die wohlverdienten Strafen, gegenwärtige und zukünftige Gefahren, Aufruhr, Krieg, Teuerung, Krankheiten und unheilvolle Zeiten.
Erleuchte und stärke in allem Guten die geistlichen und weltlichen Vorgesetzten, damit sie alles fördern, was deiner Ehre und unserm Heil dient,

zum allgemeinen Frieden und zur Wohlfahrt der ganzen Welt. Verleihe uns, o Gott, den Frieden, rechte Vereinigung im Glauben ohne alle Spaltung und Trennung. Bekehre unsere Herzen zur wahren Buße und Besserung des Lebens. Entzünde in uns das Feuer deiner Liebe. Gib uns Eifer und Hunger nach aller Gerechtigkeit, damit wir, deinem Willen gehorsam, im Leben und Sterben dir angenehm und wohlgefällig sind.

Wir bitten dich, wie du willst, o Gott, daß wir bitten sollen, für unsere Freunde und Feinde, für Gesunde und Kranke, für Betrübte und Bedrängte, für Lebende und Verstorbene. Dir, o Gott, sei empfohlen unser Tun und Lassen, unser Handel und Wandel, unser Leben und Sterben. Laß uns hier in deiner Gnade leben und dort in der Gemeinschaft der Heiligen dich ewig loben und ehren. Das verleihe uns, Herr, himmlischer Vater, durch Jesus Christus, deinen lieben Sohn, unsern Herrn und Heiland, der mit dir und dem Heiligen Geiste als gleicher Gott lebt und herrscht in Ewigkeit. Amen.

Petrus Canisius, † 1597

Jesus mahnt zum Bittgebet

Bittet, dann wird euch gegeben;
sucht, dann werdet ihr finden;
klopft an, dann wird euch geöffnet.
Denn wer bittet, der empfängt;
wer sucht, der findet;
und wer anklopft, dem wird geöffnet.   Lk 11,9f

Gib uns den Blick der Liebe

Herr, du sendest uns zu einem jeden
Menschen,
den du zu unserem Nächsten gemacht hast.
Gib uns füreinander den Blick der Liebe,
das rechte Wort, die helfende Tat.
Hilf uns, einander zu geben, was wir bedürfen,
einander zu dienen, wie das tägliche Brot.
Dich bitten wir für unsere Kinder und alle,
die uns verwandt und vertraut sind.
Wir bitten dich für alle Nahen und Fernen,
die unserem Herzen teuer sind.
Wir bitten dich für alle Glieder
unserer Gemeinde,
für die Gesunden und die Kranken,
für die Fröhlichen und für die Traurigen,
für die Guten und für die Unguten,
für die Starken und für die Schwachen,
und für ihr Heil.

Karl Bernhard Ritter

Der anderen gedenken

Ich bin reich, Herr, an allem,
was ich zum Leben brauche.
Ich gedenke aller, die im Elend leben.

Ich habe keinen Mangel an Kleidern.
Ich gedenke aller Frierenden
und aller Ungeschützten.

Ich habe Schuhe an meinen Füßen
und gedenke aller nackten Füße
auf den Straßen und im Staub dieser Welt.

Ich bin gesund und habe einen Arzt.
Ich gedenke der Kranken
und aller, die sterben,
weil niemand ihnen hilft.

Ich lebe im Frieden
und gedenke aller,
die zertreten und zerrissen werden
durch die Maschine des Krieges.

Ich stehe vor dir als dein Kind.
Aller derer gedenke ich, die verzweifeln,
weil sie dich nicht kennen,
dich, den Vater aller Menschen.   Jörg Zink

Fürbitten für alle

Laßt uns beten für alle, die in dieser Welt Ver-
antwortung tragen, auf hohen Posten oder im
Verborgenen; für die Regierungschefs, für die
Amtsträger in den Kirchen, für Künstler und Ge-
lehrte, für Ärzte und Krankenschwestern, für
Mütter, die ihre Familie betreuen, für die Ent-
wicklungshelfer und Missionare, für alle, die gerecht sind. Du siehst uns all, Gott, du setzt deine
Hoffnung auf uns, du weckst in uns die Kraft, gut
zu sein.
Laßt uns beten für die Menschen, die ganz in unserer Nähe in Mühe und Sorgen leben, ungese-
hen und unbeachtet: für die Traurigen und
Enttäuschten, für alle, denen ihr Leben sinnlos
wurde; für Menschen, die allein stehen, die mit

der Zeit nicht fertig werden, vor allem in diesen Tagen, und die keinen Anschluß finden.

Wir bitten dich, Gott, für alle, die zu Opfern werden; ermordete Menschen, Tote in unserem täglichen Verkehr; für Kinder ohne Eltern, für Gefangene und Fremde, für Flüchtlinge ohne Land und Namen ..., für Menschen, die in Konflikt mit anderen leben und keinen Ausweg wissen; für Kranke, die auf keine Heilung hoffen können. Wir bitten dich für unsere Toten, Gott: Gedenke ihres Namens, bewahre ihr Leben bei dir.

Aus der Tiefe rufen wir dich; an diesem Tag deiner Menschenfreundlichkeit rufen wir dich.

Wir leben noch, halt uns am Leben, so bitten wir dich mit Jesus, deinem Sohn.   Huub Oosterhuis

Derer gedenken, die wir lieben

Der Glaubende soll vor Gott derer gedenken, die er liebt und die ihm anvertraut sind. Gott weiß tiefer um sie und liebt sie reiner und stärker, als irgendein Mensch, und sei es der Liebendste, es vermag, und hat Macht, zu schützen, zu helfen und zu segnen.

Es ist schön, im Gebet zu den Menschen hinzudenken, die einem teuer sind; in Liebe wissend ihre besonderen Schwierigkeiten, Nöte, Anliegen zu berühren und sie vor Gottes Augen zu stellen. Es ist schön, sich in seiner Sorge um den geliebten Menschen eins zu wissen mit dem sorgenden Gott und sich zu sagen, daß jener in diesem Einvernehmen geborgen ist. Es macht ruhig und zuversichtlich. Die Sorge verliert das Beengende und Quälende; und wenn das alles nachher auch wiederkehren mag, so war die kurze Weile des Gebetes doch da und hat das Gemüt aufatmen lassen.   Romano Guardini

Für alle Lebensalter

Laßt uns beten für alle Menschen aller Lebensalter, für alle, die jung oder alt zueinander gehören oder mitsammen durchs Leben gehen. Laßt uns beten um Sorge und Achtung füreinander, daß wir nicht voneinander getrennt werden, daß wir eines Sinnes versuchen, glücklich zu sein.

Laßt uns beten für alle Kinder, für sie, die in unserer Mitte klein und wehrlos sind: Um eine glückliche Jugend, daß ihnen nichts Böses zustoße, daß sie gerade wachsen und nicht verbildet werden. Laßt uns beten, daß wir ihnen kein Ärgernis geben, sie nicht lehren zu hassen, sondern sie hineinführen in die Wahrheit und daß wir den Mut finden mögen, einzutreten für alles Verwundbare, Unsichtbare und Unausgereifte.

Laßt uns beten für die Jungen, die das Leben noch vor sich haben; daß sie offen und empfänglich ihrer Zukunft entgegentreten, daß sie mit Unsicherheiten zu leben wagen und den Enttäuschungen gewachsen seien, daß sie sich selbst hinzunehmen lernen und nicht mutlos werden.

Bitten wir für alle jungen Menschen, daß sie ruhig und aufrecht mit ihren Eltern verkehren, daß

sie das Vergangene achten, ihre Vorfahren nicht
hassen, eine ältere Generation nicht abschreiben;
daß sie vor allem ihren Freunden treu seien und
selbstlos in ihrer Liebe; daß sie sich nicht auslie-
fern an die formlose Plattheit; das Leben der anderen nicht zerstören, sondern bereit seien, diese
Erde bewohnbar zu machen, das erbitten wir für
sie beim Herrn, unserem Gott.

Laßt uns beten für alle, die in der Kraft ihres Lebens stehen, daß sie fruchtbar werden mögen,
daß sie nicht sich selbst suchen, sondern das
Wohl der anderen; beten wir für alle erwachsenen
Menschen, daß sie, ob in der Ehe oder ehelos,
nicht einsam seien, nicht selbstgenügsam oder
abgekapselt, sondern daß sie einander immerfort
in Freundschaft suchen – und so zunehmen an
Menschlichkeit.

Laßt uns beten für alle, die sich nicht zurechtfin-
den können; für alle, an ihrer Arbeit oder ihrem
Stand Unerfüllten oder Gescheiterten, daß sie
ihre Hoffnung auf die Zeit setzen, daß sie den
Glauben bewahren an Gott, unseren Vater, der
nicht will, daß wir verlorengehen.

Laßt uns beten für alle betagten Menschen, daß
ihr Herz jung bleibe. Um Weisheit und Offenheit
bitten wir für sie, daß sie nicht neidisch seien und
rechthaberisch, sondern ihren Kindern Raum zur
Entfaltung lassen.

Laßt uns beten für alle an Jahren Alten, daß sie
nicht trostlos zurückblicken, daß sie mit ihrer Lebenserfahrung vielen dienstbar sein, daß sie Achtung und Zuneigung erfahren mögen. Wir bitten
auch für jene, die sich abmühen mit Krankheit,
und für alle Furchtsamen und denen bang ist vor

dem Tod. Licht und Glauben, den Geist der Hingabe, Ruhe und Frieden erbitten wir für sie.
Laßt uns beten für uns selbst, daß wir, jung oder alt, durch Gottes Gnade neue Menschen werden mögen immer von neuem: daß wir Zwietracht und Mißtrauen aus unserer Mitte verbannen; daß wir die Liebe nicht abbrechen, wenn uns auch viele Jahre trennen; daß Gott der Herr uns beieinander bewahre als Vater und Sohn, als Mutter und Tochter, als eine einzige Familie, ein einziges Volk, darum bitten wir. Huub Oosterhuis

Für junge Menschen

Herr, wir bitten dich für alle jungen Menschen. Schenke ihnen Gesundheit an Leib und Seele. Stärke sie im Glauben, daß sie dir und um deinetwillen allen Mitmenschen mit frohem Herzen dienen. Schenke ihnen Ausdauer und Erfolg bei ihrem beruflichen Streben. Schärfe ihren Blick für Wahrheit und Werte, für wahre Freundschaft und Treue. Gib ihnen Mut und Kraft, dem Bösen zu widerstehen und Zeugen für dich und deine Botschaft zu sein. Hilf ihnen, den Weg ihrer Berufung klar zu erkennen und ihn zielstrebig zu gehen, damit ihnen ein erfülltes Lebens zuteil werde. Adolf Adam

Für Arbeitslose

Viele Mitmenschen finden in unseren Tagen keine Arbeit. Steh ihnen bei, daß sie nicht verbittern und verzweifeln. Zeige ihnen in den Tagen der Arbeitslosigkeit, wie sie ihre Zeit und Kraft sinnvoll einsetzen können. Laß sie bald einen neuen Arbeitsplatz finden, der sie innerlich ausfüllt und froh macht.

Adolf Adam

Gebet für Kranke

Herr, segne unsere Kranken mit Geduld. Jeder Tag ist für sie ein einziges Warten: auf den Arzt, auf gute Menschen, auf Besserung und Gesundheit. Sei auch du ihnen nahe, daß ihnen die Zeit des Leidens zum Heile sei.

Herr, segne unsere Kranken mit Zuversicht. Ihre Gedanken kreisen gern um ihr eigenes Leid. Laß sie auch etwas Frohes erleben. Schicke ihnen Menschen, die sie anhören und trösten und das Bewußtsein vermitteln, daß auch sie geliebt werden. Sei auch du ihnen nahe, daß sie Kraft schöpfen aus deiner Liebe.

Herr, segne unsere Kranken mit Kraft, daß sie in den Stunden der Verlassenheit und Niedergeschlagenheit sich immer wieder aufrichten an dir und etwas finden, was ihnen Trost und Freude bereitet. Bewahre sie davor, daß sie durch ihr Leid undankbar und egoistisch werden. Laß sie durch ihr Leid reifer und besser werden.

„Allein den Betern kann es noch gelingen,
das Schwert ob unsern Häuptern aufzuhalten
und diese Welt den richtenden Gewalten
durch ein geheiligt Leben abzuringen." S. 133

Christus am Ölberg. Oberschwäbische Glasmalerei, 15. Jh.,
Fürstlich-Hohenzollerisches Museum Sigmaringen.

Herr, segne unsere Kranken mit deiner Nähe, daß sie den Sinn ihres Lebens erkennen und durch ihr Beten und Opfern auch beitragen zum Heil der Seelen, zur eigenen Vollendung und zu deiner größeren Ehre.   Paul Haschek

Gebet für Sterbende

In dieser Stunde liegen viele Menschen im Sterben. Immer wieder stirbt auch jemand in unserem Bekanntenkreis. In unserer Nähe gibt es Krankenhäuser, wo Menschen im Sterben liegen. Und mancher läßt sein Leben auf der Straße. Herr, nimm dich unserer Sterbenden an! Sie sind in großer Not und haben vieles durchzustehen, bis sie tot sind.
Hilf ihnen, den Ernst der Situation zu erkennen und Abschied zu nehmen von der Welt, von ihrer Lebensaufgabe, von ihren Lieben in dem frohen Bewußtsein, daß sie bei dir noch größere Glückseligkeit erlangen werden.
Gib ihnen die Kraft, daß sie noch in Ordnung bringen, was der Ordnung bedarf in ihrer Familie, in ihrem persönlichen Leben, in ihrem Umgang mit den Menschen, in ihrem Verhalten zu dir.
Schenke ihnen Zuversicht und Freude in dem Wissen, daß du uns alle liebst und daß wir in dir unsere Erfüllung finden.   Paul Haschek

Wir gehören dem Herrn

Keiner von uns lebt sich selber, und keiner stirbt sich selber. Leben wir, so leben wir dem Herrn, sterben wir, so sterben wir dem Herrn. Ob wir leben oder ob wir sterben, wir gehören dem Herrn.

Röm 14,7 f

Für Verstorbene

Herr, unser Gott, du bist das Licht der Glaubenden und das Leben der Heiligen. Du hast uns durch den Tod und die Auferstehung deines Sohnes erlöst. Erbarme dich unserer Verstorbenen (unseres Bruders, unserer Schwester N. N.) und gib ihnen Anteil am Ostersieg unseres Herrn Jesus Christus.

Vgl. Meßbuch II, 1129 und 1131

Für Gerechtigkeit und Frieden

Allmächtiger Gott, du hast die vielen Völker durch gemeinsamen Ursprung miteinander verbunden und willst, daß sie eine Menschheitsfamilie bilden. Die Güter der Erde hast du für alle bereitgestellt. Gib, daß die Menschen einander achten und lieben und dem Verlangen ihrer Brüder nach Gerechtigkeit und Fortschritt entgegenkommen. Hilf jedem, seine Anlagen recht zu entfalten. Laß uns alle Trennung nach Rasse, Volk und Stand überwinden, damit in der menschlichen Gesellschaft Recht und Gerechtigkeit herrschen.

Du willst, daß die Menschen miteinander in Frieden leben. Wir bitten dich, zeige den Politikern, wie sie Spannungen lösen und neue Kriege verhindern können. Laß die Verhandlungen unter den Nationen der Verständigung dienen und führe die Bemühung um Abrüstung zum Erfolg.
Wir bitten dich um gerechte Lösung der Konflikte, die Ost und West, Nord und Süd, Farbige und Weiße, arme und reiche Völker voneinander trennen.
Laß nicht zu, daß wir mitmachen, wenn Haß und Feindschaft Menschen gegeneinander treiben. Hilf uns Frieden halten, weil du mit uns Frieden gemacht hast. Gebet aus dem Meßbuch

Rette die Welt

Mir schmerzen die Augen
von dem, was ich sehe
Meine Ohren tun weh
von dem, was ich höre
Mein Herz blutet
von dem, was ich leide
Mein Mund verstummt
vor dem, was geschieht

Gott
Rette die Welt
und ich bin erlöst   Anton Rotzetter

Für Eintracht in den Familien

Himmlischer Vater, schenke unseren Familien Eintracht und Frieden. Festige das Band der selbstlosen und dienenden Liebe zwischen allen Angehörigen. Hilf ihnen, den Egoismus in all seinen Formen und Farben zu überwinden, einander zu ertragen und zu verzeihen und nach dem Beispiel deines Sohnes sich nicht bedienen zu lassen, sondern zu dienen.

Heile die Risse und Wunden, die Rechthaberei, Zwietracht und Streit, Mangel an Liebe oder gar Untreue verursacht haben. Schenke den gefährdeten Ehen die Kraft der Versöhnung und führe die Entzweiten wieder zusammen.

Laß jede Familie „Kirche im Kleinen" sein, eine vom Heiligen Geist geprägte Hausgemeinde, und so ein Zeichen gläubigen Lebens für ihre Umgebung werden.

Adolf Adam

Für die Einheit der Kirche

Herr Jesus Christus, du hast gebetet: Laß alle eins sein, wie du, Vater, in mir bist, und ich in dir. Wir bitten dich um die Einheit deiner Kirche. Zerbrich die Mauern, die uns trennen. Stärke, was uns eint, und überwinde, was uns trennt. Gib uns, daß wir die Wege zueinander suchen. Führe den Tag herauf, an dem wir dich loben und preisen können in der Gemeinschaft aller Gläubigen.

Gotteslob 28, 3

Allein den Betern

Allein den Betern kann es noch gelingen,
das Schwert ob unsern Häuptern
aufzuhalten
und diese Welt den richtenden Gewalten
durch ein geheiligt Leben abzuringen.

Denn Täter werden nie den Himmel zwingen:
Was sie vereinen, wird sich wieder spalten,
was sie erneuern, über Nacht veralten,
und was sie stiften, Not und Unheil bringen.

Jetzt ist die Zeit, da sich das Heil verbirgt
und Menschenhochmut auf dem Markte feiert,
indes im Dom die Beter sich verhüllen.

Bis Gott aus unsern Opfern Segen wirkt
und in den Tiefen, die kein Aug' entschleiert,
die trockenen Brunnen sich mit Leben füllen.

Reinhold Schneider

VII

HOFFNUNG
UND VERTRAUEN

Gott unsere Zuflucht

Bei Gott allein kommt meine Seele zur Ruhe,
denn von ihm kommt meine Hoffnung.
Nur er ist mein Fels, meine Hilfe, meine Burg;
darum werde ich nicht wanken.
Bei Gott ist mein Heil, meine Ehre;
Gott ist mein schützender Fels,
meine Zuflucht.
Vertrau ihm, Volk (Gottes), zu jeder Zeit!
Schüttet euer Herz vor ihm aus!
Denn Gott ist unsere Zuflucht.   Psalm 62,6–9

Unter Gottes Schutz

Wer unterm Schutz des Höchsten steht,
im Schatten des Allmächtgen geht,
wer auf die Hand des Vaters schaut,
sich seiner Obhut anvertraut,
der spricht zum Herrn voll Zuversicht:
Du meine Hoffnung und mein Licht,
mein Hort, mein lieber Herr und Gott,
dem ich will trauen in der Not.

Er weiß, daß Gottes Hand ihn hält,
wo immer ihn Gefahr umstellt;
kein Unheil, das im Finstern schleicht,
kein nächtlich Grauen ihn erreicht.
Denn seinen Engeln Gott befahl,
zu hüten seine Wege all,
daß nicht sein Fuß an einen Stein
anstoße und verletzt mög sein.

Denn dies hat Gott uns zugesagt:
Wer an mich glaubt, sei unverzagt,
weil jeder meinen Schutz erfährt;
und wer mich anruft, wird erhört.
Ich will mich zeigen als sein Gott,
ich bin ihm nah in jeder Not;
des Lebens Fülle ist sein Teil,
und schauen wird er einst mein Heil.

Lied nach Ps. 91; EGB 1972

Ich überlasse mich dir

Mein Vater, ich überlasse mich dir; mach mit mir, was dir gefällt. Was du auch mit mir tun magst, ich danke dir. Zu allem bin ich bereit, alles nehme ich an. Wenn nur dein Wille sich an mir erfüllt und an allen deinen Geschöpfen, so ersehne ich weiter nichts, mein Gott. In deine Hände lege ich meine Seele. Ich gebe sie dir, mein Gott, mit der ganzen Liebe meines Herzens, weil ich dich liebe und weil diese Liebe mich treibt, mich dir hinzugeben, mich in deine Hände zu legen, ohne Maß, mit einem grenzenlosen Vertrauen. Denn du bist mein Vater.

Charles de Foucauld

Schicke, was du willst

Herr, schicke, was du willst,
ein Liebes oder Leides,
ich bin vergnügt, daß beides
aus deinen Händen quillt.

Wollest mit Freuden
und wollest mit Leiden
mich nicht überschütten!
Doch in der Mitten
liegt holdes Bescheiden.   Eduard Mörike

Auf keinen Sand gebaut

Wer nur den lieben Gott läßt walten
und hoffet auf ihn allezeit,
den wird er wunderbar erhalten
in aller Not und Traurigkeit.
Wer Gott, dem Allerhöchsten, traut,
der hat auf keinen Sand gebaut.

Was helfen uns die schweren Sorgen,
was hilft uns unser Weh und Ach?
Was hilft es, daß wir alle Morgen
beseufzen unser Ungemach?
Wir machen unser Kreuz und Leid
nur größer durch die Traurigkeit.

Sing, bet und geh auf Gottes Wegen,
verricht das Deine nur getreu
und trau des Himmels reichem Segen,
so wird er bei dir werden neu.
Denn welcher seine Zuversicht
auf Gott setzt, den verläßt er nicht.

                                        Georg Neumark

Durch Schmerzen reifer

Gott, unser Vater. Du hast uns für die Freude erschaffen. Dennoch begleiten Enttäuschung und Leid unser Leben. Hilf, daß wir dir glauben und auch in Stunden der Not dir vertrauen. Mach uns durch die Schmerzen reifer und hellhörig für die Not der anderen. Gebet aus dem Meßbuch

Gott kennt den Weg

Weiß ich den Weg auch nicht,
du weißt ihn wohl,
das macht die Seele still und friedensvoll.
Ist's doch umsonst, daß ich mich ängstlich müh,
daß ängstlich schlägt mein Herz,
sei's spät, sei's früh.

Du weißt den Weg ja doch, du weißt die Zeit,
dein Plan ist fertig schon und liegt bereit;
ich preise dich für deiner Liebe Macht,
ich rühm die Gnade, die mir Heil gebracht.

Du weißt, woher der Wind so stürmisch weht,
und du gebietest ihm, kommst nie zu spät;
drum wart ich still, dein Wort ist ohne Trug;
du weißt den Weg für mich – das ist genug.

Hedwig von Redern 1866–1935

Gebet des Gottvertrauens

Ich weiß, daß du mein Vater bist,
in dessen Arm ich wohlgeborgen.
Ich will nicht fragen, wie du führst,
ich will dir folgen ohne Sorgen.

Und gäbest du in meine Macht
mein Leben, daß ich selbst es wende,
ich legt' mit kindlichem Vertrau'n
es nur zurück in deine Hände.   *Autor unbekannt*

Was Gott tut, ist wohlgetan

Was Gott tut, das ist wohlgetan,
es bleibt gerecht sein Wille;
wie er fängt seine Sachen an,
will ich ihm halten stille.
Er ist mein Gott,
der in der Not
mich wohl weiß zu erhalten;
drum laß ich ihn nur walten.

Was Gott tut, das ist wohlgetan;
er wird mich nicht betrügen.
Er führet mich auf rechter Bahn,
so laß ich mir genügen
an seiner Huld
und hab Geduld;
er wird mein Unglück wenden,
es steht in seinen Händen.

Was Gott tut, das ist wohlgetan;
er ist mein Licht und Leben,

der mir nichts Böses gönnen kann,
ich will mich ihm ergeben
in Freud und Leid.
Es kommt die Zeit,
da öffentlich erscheinet,
wie treulich er es meinet.

Was Gott tut, das ist wohlgetan;
dabei will ich verbleiben.
Es mag mich auf die rauhe Bahn
Not, Tod und Elend treiben,
so wird Gott mich
ganz väterlich
in seinen Armen halten;
drum laß ich ihn nur walten.

Samuel Rodigast 1649–1708

Hoffe auf den Herrn!

Der Herr ist mein Licht und mein Heil:
   vor wem sollte ich mich fürchten?
Der Herr ist die Kraft meines Lebens:
   vor wem sollte mir bangen?
Denn er birgt mich in seinem Haus
   am Tage des Unheils;
er beschirmt mich im Schutz seines Zeltes,
   er hebt mich auf einen Felsen empor.
Wenn mich auch Vater und Mutter verlassen,
   der Herr nimmt mich auf.
Ich aber bin gewiß, zu schauen
   die Güte des Herrn im Land der Lebenden.
Hoffe auf den Herrn und sei stark!
   Hab festen Mut und hoffe auf den Herrn!

Aus Psalm 27

Nichts kann uns scheiden
von Gottes Liebe

Was kann uns scheiden von der Liebe Christi? Bedrängnis oder Not oder Verfolgung, Hunger oder Kälte, Gefahr oder Schwert? In der Schrift steht: „Um deinetwillen sind wir den ganzen Tag dem Tod ausgesetzt; wir werden behandelt wie Schafe, die man zum Schlachten bestimmt hat". Doch all das überwinden wir durch den, der uns geliebt hat. Denn ich bin gewiß: Weder Tod noch Leben, weder Engel noch Mächte, weder Gegenwärtiges noch Zukünftiges, weder Gewalten der Höhe oder Tiefe noch irgendeine andere Kreatur können uns scheiden von der Liebe Gottes, die in Christus Jesus ist, unserem Herrn. Römerbrief 8, 35–39

Vertrauen in tiefer Not

In den Tiefen, die kein Trost erreicht,
laß doch deine Treue mich erreichen.
In den Nächten, wo der Glaube weicht,
laß nicht deine Gnade von mir weichen.

Auf dem Weg, den keiner mit mir geht,
wenn zum Beten die Gedanken schwinden,
wenn mich kalt die Finsternis umweht,
wolltest du in meiner Not mich finden.

Wenn die Seele wie ein irres Licht
flackert zwischen Werden und Vergehen,
wenn es mir an Trost und Rat gebricht,
wolltest du an meiner Seite stehen.

Wenn ich deine Hand nicht fassen kann,
nimm die meine du in deine Hände,
nimm dich meiner Seele gnädig an,
führe mich zu einem guten Ende.

Justus Delbrück, † in russ. Gefangenschaft

Heilmittel gegen Angst

Nur eines ist wichtig, ob wir feige oder tapfer sind: Immer dort zu sein, wo Gott uns haben will und im übrigen ihm vertrauen.
Es gibt kein anderes Heilmittel gegen die Angst, als sich willenlos in seinen Willen hineinzuwerfen.

Georges Bernanos

Laßt uns dem Leben trauen,
weil wir es nicht allein zu leben haben,
sondern Gott es mit uns lebt."

Alfred Delp

Vorbehaltlose Hingabe an Gott

O Herr, ich gebe mich ganz in deine Hände. Mache mit mir, was du willst. Du hast mich für dich geschaffen. Ich will nicht mehr an mich selber denken. Ich will dir folgen. Was willst du, daß ich tun soll? Geh deinen eignen Weg mit mir. Was du auch forderst, ich will es tun. Ich opfere dir die Wünsche, die Vergnügungen, die Schwächen, die Pläne, die Meinungen, die mich von dir fernhalten und mich auf mich selbst zurückwer-

143

fen. Mache mit mir, was du willst. Ich feilsche um
nichts. Ich suche nicht im voraus zu erkunden,
was du mit mir vorhast. Ich will das sein, wozu du
mich haben willst; ich will all das, wozu du mich
machen willst. Ich sage nicht: ich will dir folgen,
wohin du gehst; denn ich bin schwach. Aber ich
gebe mich dir, daß du mich führst, gleich, wohin.
Ich will dir im Dunkel folgen und bitte nur um
Kraft für meinen Tag.   John Henry Kardinal Newman

Gelassenheit und Mut

Gott schenke mir die Gelassenheit,
Dinge hinzunehmen, die ich nicht ändern
kann,
den Mut, Dinge zu ändern,
die in meiner Macht stehen,
und die Klugheit,
beides voneinander zu unterscheiden.

Friedr. Christian Oetinger, † 1782

Es mag sein

Es mag sein, daß Trug und List
ein Weile Meister ist,
wie Gott will, sind Gottes Gaben.
Rechte nicht um Mein und Dein;
manches Glück ist auf den Schein,
laß es Weile haben.

Gott sprach zu Jakob:
„Ich bin mit dir, wohin du auch gehst ...
ich verlasse dich nicht, bis ich vollbringe,
was ich dir versprochen habe." Gen 28,15

Jakobsleiter. Batik-Wandbehang aus der Abtei Mariendonk,
Kempen, nach der Heisterbacher Bibel, 13. Jh.

Es mag sein, daß Frevel siegt,
wo der Fromme unterliegt;
doch nach jedem Unterliegen
wirst du den Gerechten sehn
lebend aus dem Feuer gehn,
neue Kräfte kriegen.

Es mag sein, die Welt ist alt;
Missetat und Mißgestalt
sind in ihr gemeine Plagen.
Schau dir's an und stehe fest:
nur wer sich nicht schrecken läßt,
darf die Krone tragen.

Es mag sein, so soll es sein!
Faß ein Herz und gib dich drein;
Angst und Sorge wird's nicht wenden.
Streite, du gewinnst den Streit!
Deine Zeit und alle Zeit
stehn in Gottes Händen.

Es mag sein, daß alles fällt,
daß die Burgen dieser Welt
um dich her in Trümmer brechen.
Halte du den Glauben fest,
daß dich Gott nicht fallen läßt:
Er hält sein Versprechen.

Rudolf Alexander Schröder

Mein Herz vertraut

Ich weiß keinen Weg, doch du kennst ihn wohl,
ich weiß keinen Rat, doch du hast ihn schon,
ich weiß keinen Trost, doch du gibst ihn mir –
mein Vater, mein Herze vertrauet dir.

Basilea Schlink

Befiehl du deine Wege

Befiehl du deine Wege
und was dein Herze kränkt
der allertreuesten Pflege
des, der den Himmel lenkt.
Der Wolken, Luft und Winden
gibt Wege, Lauf und Bahn,
der wird auch Wege finden,
da dein Fuß gehen kann.

Dem Herren mußt du trauen,
wenn dir's soll wohlergehn;
auf sein Werk mußt du schauen,
wenn dein Werk soll bestehn.
Mit Sorgen und mit Grämen
und mit selbsteigner Pein
läßt Gott sich gar nichts nehmen,
es muß erbeten sein.

Paul Gerhardt 1653

VIII

AN LEIDVOLLEN TAGEN

Klage eines Kranken

Deine Pfeile haben mich getroffen,
  deine Hand lastet schwer auf mir.
Ich bin gekrümmt und tief gebeugt,
  den ganzen Tag geh' ich traurig einher.
Denn meine Lenden sind voller Brand,
  nichts blieb gesund an meinem Leib.
Kraftlos bin ich und ganz zerschlagen,
  ich schreie in der Qual meines Herzens.
All mein Sehnen, Herr, liegt offen vor dir,
  mein Seufzen ist dir nicht verborgen.
Mein Herz pocht heftig,
mich hat die Kraft verlassen,
  geschwunden ist mir das Licht der Augen.
Freunde und Gefährten bleiben mir fern
in meinem Unglück
  und meine Nächsten meiden mich.
Doch auf dich, Herr, harre ich;
  du wirst mich erhören, Herr, mein Gott.
Herr, verlaß mich nicht,
bleib mir nicht fern, mein Gott!
  Eile mir zu Hilfe, Herr, du mein Heil!

Aus Psalm 38

An unerträglichen Tagen

Herr, mein Gott, es gibt Tage, an denen alles versandet ist: die Freude, die Hoffnung, der Glaube, der Mut.
Es gibt Tage, an denen ich meine Lasten nicht mehr zu tragen vermag: meine Krankheit, meine Einsamkeit, meine ungelösten Fragen, mein Versagen.

148

Herr, mein Gott, laß mich an solchen Tagen erfahren, daß ich nicht allein bin, daß ich nicht durchhalten muß aus eigener Kraft, daß du mitten in der Wüste einen Brunnen schenkst und meinen übergroßen Durst stillst.
Laß mich erfahren, daß du alles hast und bist, dessen ich bedarf. Laß mich glauben, daß du meine Wüste in fruchtbares Land verwandeln kannst.

Sabine Naegeli

Ich bitte um Gnade

Gott
Ich halte Dir hin
meine zittrigen Hände
Ich biete Dir an
mein runzliges Gesicht
Ich gebe Dir
mein schwaches Herz
und bitte um Gnade

Anton Rotzetter

Frohe Botschaft

Ich bin überzeugt, daß die Leiden der gegenwärtigen Zeit nichts bedeuten im Vergleich zu der Herrlichkeit, die an uns offenbar werden soll.

Röm 8, 18

Im großen Elend

Herr, Gott, großes Elend ist über mich gekommen. Meine Sorgen wollen mich erdrücken. Ich weiß nicht ein noch aus. Gott, sei mir gnädig und hilf! Gib Kraft zu tragen, was du mir schickst. Laß die Furcht nicht über mich herrschen; sorge du väterlich für die Meinen.

Barmherziger Gott, vergib mir alles, was ich an dir und den Menschen gesündigt habe. Ich traue deiner Gnade und gebe mein Leben ganz in deine Hand. Mach du mit mir, wie es dir gefällt und wie es gut für mich ist. Ob ich lebe oder sterbe, ich bin bei dir, und du bist bei mir, mein Gott. Herr, ich warte auf dein Heil und auf dein Reich.

Dietrich Bonhoeffer

Ölbergsgebet

Jesus sprach: Abba, Vater, alles ist dir möglich. Nimm diesen Kelch von mir! Aber nicht, was ich will, sondern was du willst, soll geschehen.

Mk 14, 36

Helfer in der Not

Ich habe keinen anderen Helfer als dich, keinen anderen Erlöser, keinen anderen Halt. Zu dir bete ich. Nur du kannst mir helfen. Die Not ist zu groß, in der ich jetzt stehe. Die Verzweiflung packt mich an, und ich weiß nicht mehr ein noch aus. Ich bin ganz unten, und ich komme allein nicht mehr hoch, nicht heraus. Wenn es dein

Wille ist, dann befreie mich aus dieser Not. Laß mich wissen, daß du stärker bist als alle Not und alle meine Feinde.

O Herr, wenn ich durchkomme, dann laß doch diese Erfahrung zu meinem und dem Heil meiner Brüder beitragen. Du verläßt mich nicht. Ich weiß das. Aus Afrika

Gott allein genügt

Nichts soll dich ängstigen, nichts dich erschrecken.
Alles vergeht. Gott allein bleibt derselbe.
Geduld erreicht alles.
Wer Gott besitzt, dem kann nichts fehlen.
Gott allein genügt. Theresia von Avila

Durch Krankheit weise

Es ist seltsam, Herr, daß ich krank werden mußte, um endlich zu verstehen, wie wenig ich selbst tun kann. Bisher glaubte ich, daß ich alles nur mir selbst zu verdanken hätte. Meine Hände haben Geld ins Haus gebracht, meine Arbeit schaffte uns etwas, wovon wir leben konnten. Die Grundlage unserer Sicherheit war eben meine Arbeit, meinte ich.

Eines Tages war diese Grundlage nicht mehr da. Ich weiß, andere werden auch arbeitslos. Sie haben aber wenigstens ihre Gesundheit. Sie können sich eine neue Stelle suchen.

Ich aber bin krank und hilflos. Ich liege hier im

Bett und denke nach und sehe, daß ich viel zu
kurzsichtig war. Vieles, was ich für richtig hielt,
war falsch. Ich hätte mich nicht zu sehr auf meine
eigene Kraft verlassen sollen. Was hilft es mir
schon, daß ich Hände und Füße habe, wenn ich
krank bin und sie nicht gebrauchen kann?
Und was kann ich selbst tun, um wieder gesund
zu werden? Erst jetzt verstehe ich, daß nur du,
Herr, mir alles gibst und geben kannst.
Du hast mich einmal erschaffen und mir Leib und
Seele gegeben. Du hast alles gut gemacht. Wende
auch jetzt alles zum Guten. Ich danke dir, Herr,
für alles, was du mir gegeben hast. Mach mich
wieder gesund, wenn du es willst.
Was ich vor allem erbitte, ist: alles ertragen zu
können, was auch geschieht. Gib mir dazu viel
Kraft und Stärke.   Lennart Karstorp

Auch im Leiden gefaßt

Ich hab' in guten Stunden
des Lebens Glück empfunden
und Freuden ohne Zahl.
So will ich denn gelassen
mich auch im Leiden fassen:
Welch' Leben hat nicht seine Qual!

Ich will dem Kummer wehren,
Gott durch Geduld verehren,
im Glauben zu ihm flehn.
Ich will den Tod bedenken –
der Herr wird alles lenken,
und was mir gut ist, wird geschehn.

Christian Fürchtegott Gellert

Im Krankenhaus

Ich empfinde es eigenartig, Herr, mitten am Tag im Bett zu liegen, von Schwestern gepflegt zu werden, nicht ohne Erlaubnis aus dem Bett steigen zu dürfen, es vielleicht gar nicht zu können.

Ich habe mich noch nicht daran gewöhnt, daß mir fremde Leute helfen, daß sie mich pflegen und zu heilen versuchen. Ich habe Angst, nur Nummer, Station und Bett zu sein, keinen eigenen Willen mehr zu haben.

Und doch ist es auch schön: andere denken für mich und kümmern sich um mich. Sie pflegen mich und sagen mir, was ich machen soll. Trotzdem sorge ich mich und bin unruhig. Ich habe Angst vor dem, was auf mich zukommt. Wird es weh tun? Wird es lange dauern? Werde ich wieder gesund werden?

Herr Jesus, du bist der eigentliche Arzt, komm und hilf mir! Gib mir Geduld: Geduld mit mir selbst, mit meinen Mitpatienten und mit allen, die mich pflegen. Hilf mir, über Mängel hinwegzusehen und sie zu ertragen. Gib mir Vertrauen zu den Ärzten. Hilf mir alles durchzustehen, was vor mir liegt!

Lennart Karstorp

Wie ein Kloster

Die Krankheit ist ein Kloster
mit seiner Ordensregel,
seiner Askese,
seinem Schweigen
und seinen Erleuchtungen.

Albert Camus

Dein Wille geschehe

Vater, es fällt mir schwer, zu sagen: „Dein Wille geschehe." Ich bin niedergeschlagen und habe keinen Mut mehr. Die Schmerzen sind unerträglich.

Alles, was mein Leben ausmacht, scheint mir weit weg: die Menschen, die zu mir gehören, meine Arbeit, meine Freuden, mein ganz alltägliches Tun.

Auch wenn ich mutlos bin, Herr, ich will versuchen, ja zu sagen zu dem, was ist: zu meinen Schmerzen, zu meiner Schwäche, zu meiner Hilflosigkeit. Ich will alles ertragen, so gut es geht. Laß mein Leiden nicht umsonst sein. Vielleicht nützt es denen, die für dich arbeiten und kämpfen. Dein Wille geschehe. Dein Sohn hat am Kreuz gezeigt, daß Leiden nicht umsonst ist. Ich danke dir, daß ich das weiß. Segne mich, Vater. Segne alle Menschen, die mir Gutes tun und mir helfen. Segne alle, die wie ich leiden müssen. Und wenn du willst, laß mich und die anderen gesund werden.

Gotteslob 10, 1

Zuversicht in kranken Tagen

Herr, mein Gott, du hast mich aus der Unrast der Arbeit in die Stille des Krankenlagers geführt. Du weißt stets, was für uns gut ist. So laß mir diese Zeit zum Segen werden. Ich bitte dich um Gesundheit des Leibes. Denn du bist der Herr des Lebens. Du vermagst zu heilen, wo Menschenweisheit nicht zu helfen vermag. Gib Weisheit dem Arzt (und Geschick seiner Hand); lege Kraft in die Arznei, die ja auch deine gute Gabe ist. Vor allem aber laß mir diese Zeit dazu dienen, deinem Worte des Heiles näher zu kommen. Wie du mich führst, laß mich stille sein und Frieden haben in der Beugung unter deinen Willen. Ich stehe in deiner Hand.

Herr, himmlischer Vater, du läßt niemand über sein Vermögen versucht werden, sondern machst, daß die Versuchung so ein Ende gewinne, daß wir sie ertragen können. Ich bitte dich in meiner großen Not: laß mir das Kreuz nicht zu schwer werden. Stärke mich, daß ich es mit Geduld ertrage und an deiner Barmherzigkeit nimmermehr verzage.

O Christe, der du des Kreuzes Pein für mich gelitten hast, zu dir rufe ich von Herzen: erbarme dich über mich sündigen Menschen; vergib mir alle Übertretungen, die ich in meinem Leben begangen habe. Erhalte mich im rechten Glauben bis an mein Ende.

O Gott, Heiliger Geist, du wahrer Tröster in aller Not, erhalte mich in der Geduld; heilige mich mit wahrer Zuversicht und weiche nicht von mir in meiner letzten Not. Leite mich aus diesem Jammertal in das rechte Vaterland. Amen.

Evang. Kirchengesangbuch

Mit Christus ausharren

O Jesus, Du Starker, Du bist in mir und ich in Dir. Mit Dir muß ich im Leiden ausharren können, auch wenn ich meine, es gehe nicht mehr. Mit Dir muß ich die Pflicht erfüllen können, auch wenn sie gar so schwer wird.

Hilf Du, daß ich in der Bedrängnis nicht verzage, daß ich meiner Pflicht nicht entlaufe. Und falle ich, erlahmt die Kraft, dann hilf Du mir, wieder aufzustehen.

Dreimal bist Du niedergesunken, dreimal aufgestanden. Lehre mich begreifen, Herr, daß Du nicht verlangst, wir dürften nie schwach werden, wohl aber, wir sollen immer wieder aufstehen.

Lehre mich erkennen, daß all unser Erdenleben ein immer neues Aufstehen, ein immer frisches Anfangen ist.

Romano Guardini

Gefühl der Verlassenheit

Mein Gott, mein Gott, warum hast du mich verlassen,
bist fern meinem Schreien,
den Worten meiner Klage?
Mein Gott, ich rufe bei Tag, doch du gibst keine Antwort;
ich rufe bei Nacht und finde doch keine Ruhe.

Ich bin hingeschüttet wie Wasser, gelöst haben sich all meine Glieder.

Mein Herz ist in meinem Leib wie Wachs zerflossen.

Meine Kehle ist trocken wie eine Scherbe, die Zunge klebt mir am Gaumen,

du legst mich in den Staub des Todes.

Du aber, Herr, halte dich nicht fern!

Du, meine Stärke, eil mir zu Hilfe!   Aus Psalm 22

Ich habe Angst

Herr, ich habe Angst! Angst wegen so vieler Dinge. Ich habe Angst vor Schmerzen, Angst vor schlaflosen Nächten, Angst vor dem schonungslosen Urteil der Ärzte.

Ich habe Angst, den Mut zu verlieren, nicht mehr hoffen zu können. Ich habe Angst vor dem letzten Kampf, vor dem Schritt ins Unbekannte.

Das alles ist auch dir vertraut, Herr! Du hast die Häßlichkeit der Menschen erlebt und bist enttäuscht worden.

Du hast die Angst des Wachens erlebt. Du kennst die äußerste Einsamkeit, kennst das Gefühl, von Gott und Menschen verlassen zu sein. Du hast die Angst vor dem letzten Schritt über die Schwelle des Todes erlitten.

Du hast die Angst überwunden und besiegt. Deshalb bist du der einzige, der mir helfen kann.

Herr, nimm diese Angst von mir! Laß mich erleben, daß du in meiner Nähe bist! Laß mich deine Nähe spüren, die Sicherheit, die alle Angst besiegt. Ich suche dich. Nimm meine Hände und laß

mich Ruhe und Frieden finden in dir. Führe mich,
wohin du willst. Du weißt, was für mich am besten ist. Lennart Karstorp

Geweihte Not

W as dem Herzen sich verwehrte,
laß es schwinden unbewegt.
Allenthalben das Entbehrte
wird dir mystisch zugelegt.

Liebt doch Gott die leeren Hände,
und der Mangel wird Gewinn.
Immerdar enthüllt das Ende
sich als strahlender Beginn.

Jeder Schmerz entläßt dich reicher.
Preise die geweihte Not!
Und aus nie geleertem Speicher
nährt dich das geheime Brot. Werner Bergengruen,
nachdem er durch Fliegerangriff alles verloren hatte

Gott hat dein Kreuz gewogen

W enn alle Engel, alle Genies der Welt, stu-
diert hätten, was wohl in dieser oder jener
Lage nütze, dieses Opfer oder jenes Leiden, diese
Versuchung oder jener schmerzliche Verlust, sie
hätten nicht finden können, was für dich passen-
der gewesen wäre, als was dich getroffen hat.
So hat Gottes ewige Weisheit von Urbeginn an ge-

sonnen, um dir dieses Kreuz aus deinem Herzen
als kostbares Geschenk zu geben. Er hat es, ehe
er es dir schickte, mit seinem allwissenden Auge
betrachtet, mit seinem göttlichen Verstande
durchdacht, mit seiner weisen Gerechtigkeit geprüft und seinem liebenden Erbarmen durch-
wärmt.

Er hat es mit seinen beiden Händen gewogen, ob
es nicht um einen Millimeter zu groß, ein Milli-
gramm zu schwer sei. Dann hat er es gesegnet
mit seinem heiligen Namen, mit seiner Gnade gesalbt und mit seinem Troste durchhaucht und
noch einmal auf dich und deinen Mut geblickt.

So kommt es geradezu aus dem Himmel zu dir als
ein Ruf Gottes und als sein Geschenk seiner er-
barmenden Liebe, damit du ganz du selber wer-
dest und in Gott deine Erfüllung findest.

Franz von Sales

Das Brot des Alters

O Herr, bitter ist das Brot des Alters und hart.
Wie erschien ich mir früher reich – wie arm
bin ich nun, einsam und hilflos. Wozu tauge ich
noch auf Erden? Schmerzen plagen mich Tag und
Nacht, träge rinnen die Stunden meiner schlaflosen Nächte dahin; ich bin nur noch ein Schatten
dessen, der ich einmal war. Ich falle den andern
zur Last.

Herr, laß genug sein. Wann wird die Nacht enden
und der lichte Tag aufgehen? Hilf mir, geduldig
zu sein. Zeig mir dein Antlitz, je mehr mir alles
andere entschwindet. Laß mich den Atem der

Ewigkeit verspüren, nun, da mir aufhört die Zeit.
Auf dich, Herr, habe ich gehofft; laß mich nicht
zugrunde gehen in Ewigkeit.   Michelangelo

Man muß wohl immer wieder entbehren müssen,
um zu empfinden, was man besitzt.

Rainer Maria Rilke

Unterwegs zum Vater

Gott, unser Vater, du gibst dich uns Menschen
zu erkennen im Schicksal Jesu von Nazaret.
Als er von allen verlassen war, hast du ihn durch
Leiden und Tod hindurchgeführt zum Leben. Laß
uns glauben und vertrauen, daß auch wir in aller
Bedrängnis und Not unterwegs sind zu dir mit unserem Herrn Jesus Christus.   Meßbuch II

Im Blick die Ewigkeit

Darum werden wir nicht müde, wenn auch unser äußerer Mensch aufgerieben wird, der in-
nere wird Tag für Tag erneuert. Denn die kleine
Last unserer gegenwärtigen Not schafft uns in
maßlosem Übermaß ein ewiges Gewicht an Herrlichkeit, uns, die wir nicht auf das Sichtbare starren, sondern nach dem Unsichtbaren ausblicken;
denn das Sichtbare ist vergänglich, das Unsichtbare ist ewig.   2 Kor 4, 16–18

„Wer mein Jünger sein will,
der verleugne sich selbst,
nehme sein Kreuz auf sich
und folge mir nach." Mt 16,24

Kreuztragender Christus (Ausschnitt). Multscherschule,
Heiligkreuztal, ehemaliges Zisterzienserinnenkloster,
gegr. 1227.

IX

SIEHE,
DEINE MUTTER

Gruß an die Mutter des Herrn

Gruß dir, heilige Mutter,
die du den König geboren,
der da Himmel und Erde erhält
im Wandel der Zeiten,
dessen Walten das All umfaßt mit ewigem
Kreise,
dessen Reich ohne Ende steht:
dein seliger Leib hat Freuden der Mutter
verbunden
mit reiner Ehre der Jungfrau.
Dir, der keine glich, wird auch keine je folgen;
denn vor allen Frauen erwählte dich, Einzige,
Christus.

Ältestes lateinisches Grußlied an Maria; Sedulius † nach 450

Die Magd des Herrn

Maria sagte zu dem Engel: Wie soll das geschehen, da ich keinen Mann erkenne?
Der Engel antwortete ihr: Der Heilige Geist wird
über dich kommen, und die Kraft des Höchsten
wird dich überschatten. Deshalb wird auch das
Kind heilig und Sohn Gottes genannt werden ...
Da sagte Maria: Ich bin die Magd des Herrn; mir
geschehe, wie du es gesagt hast.   Lk 1, 34–38

Der Engel des Herrn

Der Engel des Herrn brachte Maria die Botschaft, und sie empfing vom Heiligen Geist.

Gegrüßet seist du, Maria, voll der Gnade, der Herr ist mit dir. Du bist gebenedeit unter den Frauen, und gebenedeit ist die Frucht deines Leibes, Jesus.
Heilige Maria, Mutter Gottes, bitte für uns Sünder jetzt und in der Stunde unseres Todes. Amen.

Maria sprach: Siehe, ich bin die Magd des Herrn; und mir geschehe nach deinem Wort.

Gegrüßet seist du, Maria ...

Und das Wort ist Fleisch geworden
und hat unter uns gewohnt.

Gegrüßet seist du, Maria ...

Bitte für uns, heilige Gottesmutter,
daß wir würdig werden der Verheißung Christi.

Lasset uns beten: Allmächtiger Gott, gieße deine Gnade in unsere Herzen ein. Durch die Botschaft des Engels haben wir die Menschwerdung Christi, deines Sohnes, erkannt. Führe uns durch sein Leiden und Kreuz zur Herrlichkeit der Auferstehung. Darum bitten wir durch ihn, Christus, unseren Herrn. Amen. Entstanden 13.–16. Jahrhundert

Biblischer Lobpreis Marias

Da wurde Elisabet vom Heiligen Geist erfüllt und rief mit lauter Stimme: Gesegnet bist du mehr als alle anderen Frauen, und gesegnet ist die Frucht deines Leibes. Wer bin ich, daß die Mutter meines Herrn zu mir kommt? ... Selig ist die, die geglaubt hat, daß sich erfüllt, was der Herr ihr sagen ließ.

Lk 1, 41–45

Ave Maria zart

Ave Maria zart,
du edler Rosengart,
lilienweiß, ganz ohne Schaden,
ich grüße dich zur Stund
mit Gabrielis Mund:
Ave, die du bist voller Gnaden.

Du hast des Höchsten Sohn,
Maria rein und schön,
in deinem keuschen Schoß getragen,
den Heiland Jesus Christ,
der unser Retter ist
aus aller Sünd und allem Schaden.

Denn nach dem Sündenfall
wir warn verstoßen all
und sollten ewig sein verloren.
Da hast du, reine Magd,
wie dir vorhergesagt,
uns Gottes Sohn zum Heil geboren.

164

Darum, o Mutter mild,
befiehl uns deinem Kind,
bitt, daß es unser Sünd verzeihe,
endlich nach diesem Leid
die ewig Himmelsfreud
durch dich, Maria, uns verleihe.

Johann Georg Braun 1675

Marienpräfation

In Wahrheit ist es würdig und recht, dir, Vater, für die Erwählung der seligen Jungfrau Maria zu danken und mit ihr das Werk deiner Gnade zu rühmen. Du hast an der ganzen Schöpfung Großes getan und allen Menschen Barmherzigkeit erwiesen. Denn du hast geschaut auf die Niedrigkeit deiner Magd und durch sie der Welt den Heiland geschenkt, deinen Sohn, unseren Herrn Jesus Christus. Durch ihn preisen wir jetzt und in Ewigkeit dein Erbarmen und singen mit den Chören der Engel das Lob deiner Herrlichkeit.

Meßbuch II

Maria aber bewahrte alles, was geschehen war, in ihrem Herzen und dachte darüber nach.

Lk 2,19

Alle Tage sing und sage

Alle Tage sing und sage
Lob der Himmelskönigin;
ihre Gnaden, ihre Taten
ehr, o Christ, mit Herz und Sinn.

Auserlesen ist ihr Wesen,
Mutter sie und Jungfrau war.
Preis sie selig, überselig;
groß ist sie und wunderbar.

Gotterkoren hat geboren
sie den Heiland aller Welt,
der gegeben Licht und Leben
und den Himmel offen hält.

Ihre Ehren zu vermehren,
sei von Herzen stets bereit.
Benedeie sie und freue
dich ob ihrer Herrlichkeit.

Keine Weise kann zum Preise
ihrer Hoheit würdig sein;
keine Zierde gleicht der Würde,
die empfangen sie allein.

Ihre Sitten sind inmitten
unserer Kirche Schmuck und Zier;
Wort und Werke, Geistesstärke,
schenken höchste Gnade dir.

Fest verriegelt und versiegelt
war des Himmels Eingangstor;
ihre stille Glaubensfülle
hob den Riegel uns empor.

Evas Kinder, alle Sünder,
hielt ein schwerer Fluch gebannt;
durch Marien ist verliehen
uns der Weg ins Vaterland.

Ach, sie gebe, daß ich lebe,
wie es will ihr lieber Sohn,
daß ich droben ihn kann loben,
ewig schaun im Himmelsthron.

Bernhard von Morlas, † um 1140

Marianische Antiphonen

Erhabne Mutter des Erlösers, du allezeit offne Pforte des Himmels und Stern des Meeres, komm, hilf deinem Volke, das sich müht, vom Falle aufzustehn.
Du hast geboren, der Natur zum Staunen, deinen heiligen Schöpfer. Unversehrte Jungfrau, die du aus Gabriels Munde nahmst das selige Ave, o erbarme dich der Sünder.

Übersetzung des „Alma Redemptoris Mater"

Ave, du Himmelskönigin,
ave, der Engel Herrscherin.
Wurzel, der das Heil entsprossen,
Tür, die uns das Licht erschlossen:
Freu dich, Jungfrau, voll der Ehre,
über allen Seligen Hehre,
sei gegrüßt, des Himmels Krone,
bitt für uns bei deinem Sohne.

Übersetzung des „Ave, Regina caelorum"

O Himmelskönigin, frohlocke, Halleluja.
Denn er, den du zu tragen würdig warst,
Halleluja,
ist erstanden, wie er sagte, Halleluja.
Bitt Gott für uns, Maria. Halleluja.

Übersetzung des „Regina caeli, laetare"

Sei gegrüßt, o Königin,
Mutter der Barmherzigkeit;
unser Leben, unsre Wonne
und unsre Hoffnung, sei gegrüßt!
Zu dir rufen wir verbannte Kinder Evas;
zu dir seufzen wir trauernd und weinend
in diesem Tal der Tränen.
Wohlan denn, unsere Fürsprecherin,
wende deine barmherzigen Augen uns zu,
und nach diesem Elend zeige uns Jesus,
die gebenedeite Frucht deines Leibes!
O gütige, o milde, o süße Jungfrau Maria.

Übersetzung des „Salve, Regina"

Unterm Schutz Marias

Unter deinen Schutz und Schirm fliehen wir,
o heilige Gottesgebärerin; verschmähe nicht
unser Gebet in unsern Nöten, sondern erlöse uns
jederzeit von allen Gefahren, o du glorreiche und
gebenedeite Jungfrau, unsere Frau, unsere Mitt-
lerin, unsere Fürsprecherin. Versöhne uns mit
deinem Sohne, empfiehl uns deinem Sohne,
stelle uns vor deinem Sohne.

In seinem Kern ältestes Mariengebet aus dem 3. Jh.

Stern des Meeres

Meerstern, sei gegrüßet,
Gottes hohe Mutter,
allzeit reine Jungfrau,
selig Tor zum Himmel!

Du nahmst an das Ave
aus des Engels Munde.
Wend den Namen Eva,
bring uns Gottes Frieden.

Lös der Schuldner Ketten,
mach die Blinden sehend,
allem Übel wehre,
jeglich Gut erwirke.

Zeige dich als Mutter,
denn dich wird erhören,
der auf sich genommen,
hier dein Sohn zu werden.

Jungfrau ohnegleichen,
Gütige vor allen,
uns, die wir erlöst sind,
mach auch rein und gütig.

Gib ein lautres Leben,
sicher uns geleite,
daß wir einst in Freuden
Jesus mit dir schauen.

Lob sei Gott dem Vater,
Christ, dem Höchsten, Ehre
und dem Heil'gen Geiste:
dreifach eine Preisung. Amen.

Hymnus „Ave maris stella" des Ambrosius Autpertus † 784

Seligpreisung Marias

Heilige Maria, Mutter Gottes, mit Elisabet rufen wir dir zu:
Selig bist du, weil du geglaubt hast.
Als der Engel dir die Botschaft brachte, hast du mit bereitem Herzen geantwortet: Ich bin die Magd des Herrn, mir geschehe nach deinem Wort.
Selig bist du, weil du geglaubt hast.
Als die Hirten von der Krippe heimkehrten, hast du alles bedacht, was sie von den Engeln erzählten, und es in deinem Herzen bewahrt.
Selig bist du, weil du geglaubt hast.
In gläubigem Gehorsam hast du die Mühsal der Flucht nach Ägypten auf dich genommen.
Selig bist du, weil du geglaubt hast.
Die Jünger haben den Herrn in der Nacht des Leidens verlassen. Allein Johannes stand mit dir und den Frauen unter dem Kreuz.
Selig bist du, weil du geglaubt hast.
Nach der Auferstehung und Himmelfahrt des Herrn hast du mit den Aposteln im Gebet verharrt, bis der Geist Gottes der Kirche geschenkt wurde.
Selig bist du, weil du geglaubt hast.
Lasset uns beten. Gott, unser Vater, wir danken dir für alle Menschen, die durch das Zeugnis ihres Glaubens unseren Glauben begründet haben und stärken. Wir danken dir vor allem für Maria, die Mutter aller Glaubenden. Wir bitten dich: auf ihre Fürsprache festige und erhalte in uns den Glauben an deine Weisheit und Güte durch Jesus Christus im Heiligen Geist. Amen. Gotteslob 783, 8

Morgenröte der Erlösung

Sagt an, wer ist doch diese,
die vor dem Tag aufgeht,
die überm Paradiese
als Morgenröte steht?
Sie kommt hervor aus Fernen,
geziert mit Mond und Sternen,
im Sonnenglanz erhöht.

Sie ist die edle Rose,
ganz schön und auserwählt,
die Magd, die makellose,
die sich der Herr vermählt.
O eilet, sie zu schauen,
die schönste aller Frauen,
die Freude aller Welt.

Du strahlst im Glanz der Sonne,
Maria, hell und rein;
von deinem lieben Sohne
kommt all das Leuchten dein.
Durch diesen Glanz der Gnaden
sind wir aus Todesschatten
kommen zum wahren Schein. Johann Khuen 1638

Urbild des erlösten Menschen

Heilige Maria, du bist die Mutter unseres
Herrn und Bruders Jesus Christus. Du bist
auch unsere Mutter und Urbild der mütterlichen
Kirche. In dir ist alles verwirklicht, was der Herr
uns verheißen hat. Du vollkommenes Urbild unseres Lebens in Christus, bitte für uns.

171

Dich hat der Herr von Anbeginn vor aller Schuld bewahrt. Uns hat er in der Taufe die verlorene Unschuld wieder geschenkt. Gabriel nennt dich Begnadete; denn du bist voll der Gnade. Auch uns hat der Herr aus Gnade zum Heil berufen. Dich hat Gott unvergleichbar hoch erhoben und gekrönt. Uns hat er zu einer königlichen Priesterschaft gemacht. Du bist die strahlende Morgenröte der Erlösung. Wir sollen das Licht der Welt sein.

Elisabet preist dich selig, weil du geglaubt hast.

Bitte für uns, daß unser Glaube stark wird.

Voll Hoffnung hast du mit den Jüngern im Gebet verharrt.

Bitte für uns, daß unsre Hoffnung fester wird.

Du warst allezeit erfüllt von Liebe zu Gott.

Bitte für uns, daß unsere Liebe wächst.

Du warst erfüllt von mütterlicher Liebe.

Hilf, daß wir mitwirken an der Wiedergeburt der Menschen in Christus.

Herr, unser Gott, du hast der Welt Maria als Bild des erlösten Menschen vor Augen gestellt. Wir bitten dich: mach uns, deine Kirche, diesem Bild immer ähnlicher und nimm uns auf in deine Herrlichkeit. Durch Christus, unsern Herrn. Amen.

Gotteslob 783, 9

Die Mutter der Schmerzen

Und Simeon segnete sie und sagte zu Maria, der Mutter Jesu: ... Dir selbst aber wird ein Schwert durch die Seele dringen.   Lk 2, 34 ff

Bei dem Kreuz Jesu standen seine Mutter und die Schwester seiner Mutter, Maria, die Frau des Klopas, und Maria von Magdala. Als Jesus seine Mutter sah und bei ihr den Jünger, den er liebte, sagte er zu seiner Mutter: Frau, siehe, dein Sohn! Dann sagte er zu dem Jünger: Siehe, deine Mutter! Und von jener Stunde an nahm sie der Jünger zu sich. Joh 19,25–27

Stabat mater

Christi Mutter stand mit Schmerzen
bei dem Kreuz und weint' von Herzen,
als ihr lieber Sohn da hing.
Durch die Seele voller Trauer,
schneidend unter Todesschauer
jetzt das Schwert des Leidens ging.

Welch ein Schmerz der Auserkornen,
da sie sah den Eingebornen,
wie er mit dem Tode rang.
Angst und Jammer, Qual und Bangen,
alles Leid hielt sie umfangen,
das nur je ein Herz durchdrang.

Ach, für seiner Brüder Schulden
sah sie ihn die Marter dulden,
Geißeln, Dornen, Spott und Hohn,
sah ihn trostlos und verlassen
an dem blutgen Kreuz erblassen,
ihren lieben einzgen Sohn.

Drücke deines Sohnes Wunden,
wie du selber sie empfunden,
heilge Mutter, in mein Herz.
Daß ich weiß, was ich verschuldet,
was dein Sohn für mich erduldet,
gib mir teil an deinem Schmerz.

Christus, laß bei meinem Sterben
mich mit deiner Mutter erben
Sieg und Preis nach letztem Streit.
Wenn der Leib dann sinkt zur Erde,
gib mir, daß ich teilhaft werde
deiner selgen Herrlichkeit.

Aus dem Hymnus „Stabat mater" des Jacopone da Todi, † 1306

Mariengebet in Krankheit und Not

Himmlische Mutter, in meiner großen Not richten sich meine Gedanken und Hoffnungen auf dich, die Schmerzensreiche. Du hast in deinem Leben ein Übermaß an Not und Schmerz erfahren und es im Gleichklang mit dem Opferwillen deines Sohnes standhaft ertragen. Sei mir in meiner schwierigen Lage mit deiner mütterlichen Liebe nahe! Lehre mich, mein Leid mit dem Kreuz deines Sohnes zu verbinden und es mit Geduld und Starkmut zu tragen, so lange Gottes Fügung es mir auferlegt. Sein heiliger Wille geschehe! Du aber tröste und stärke mich durch deine Fürbitte bei deinem göttlichen Sohn.   Adolf Adam

174

Vertrauen auf Marias Fürbitte

Gedenke, o gütigste Jungfrau Maria: es ist noch nie gehört worden, daß jemand, wenn er zu dir seine Zuflucht genommen, deinen Beistand angerufen, um deine Fürbitte gefleht, von dir sei verlassen worden. Von solchem Vertrauen beseelt, nehme ich zu dir meine Zuflucht, Mutter, Jungfrau der Jungfrauen. Zu dir komme ich, vor dir stehe ich seufzend als sündiger Mensch. Mutter des ewigen Wortes, verschmähe meine Worte nicht, sondern höre mich gnädig an und erhöre mich.

15. Jh., teilweise schon bei Bernhard v. Clairvaux, † 1153

Mutter der Barmherzigkeit

Gruß dir, Mutter voll der Barmherzigkeit,
Mutter der Hoffnung und aller Gütigkeit,
Mutter Gottes und Mutter so reich an Huld,
Mutter der heiligen Fröhlichkeit. O Maria.

Tal, das mit Lilien der Tugend geschmückt,
du bist umkleidet mit köstlicher Zier;
heilige Mutter, neige dich gnädig
nieder und hilf unseren Nöten hier. O Maria.

Dich erschuf einst der Vater der Ewigkeit,
Gottes Sohn hat sich dir mitgeteilt,
hast empfangen durch den Heiligen Geist:
Ihnen sei Lob jetzt und in Ewigkeit. O Maria.

Unbekannter Autor des 13. / 14. Jh., insgesamt 100 Strophen

Schutzmantel-Madonna

Maria, breit den Mantel aus,
mach Schirm und Schild für uns daraus;
laß uns darunter sicher stehn,
bis alle Stürm vorübergehn.

Refrain 1.–4. Strophe:
Patronin voller Güte,
uns allezeit behüte

Dein Mantel ist sehr weit und breit,
er deckt die ganze Christenheit,
er deckt die weite, weite Welt,
ist aller Zuflucht und Gezelt.

Maria, hilf der Christenheit,
dein Hilf erzeig uns allezeit;
komm uns zu Hilf in allem Streit,
verjag die Feind all von uns weit.

O Mutter der Barmherzigkeit,
den Mantel über uns ausbreit;
uns all darunter wohl bewahr
zu jeder Zeit in aller Gefahr.   Innsbruck 1640

„Drücke deines Sohnes Wunden,
wie du selber sie empfunden,
heilige Mutter, in mein Herz." S. 174

Mater dolorosa, 14. Jh. F. H. Museum Sigmaringen.

X

IM ANGESICHT
DES TODES

Ach wie flüchtig!

Ach wie flüchtig, ach wie nichtig
ist der Menschen Leben!
Wie ein Nebel bald entstehet
und auch wieder bald vergehet,
so ist unser Leben, sehet.

Ach wie nichtig, ach wie flüchtig
sind der Menschen Tage!
Wie ein Strom beginnt zu rinnen
und mit Laufen nicht hält innen,
so fährt unsre Zeit von hinnen.

Ach wie nichtig, ach wie flüchtig
sind der Menschen Sachen!
Alles, alles, was wir sehen,
das muß fallen und vergehen.
Wer Gott fürcht', wird ewig stehen.

Michael Franck 1652

Nur eine Spanne lang

Herr, tu mir mein Ende kund
und die Zahl meiner Tage!
Laß mich erkennen,
wie sehr ich vergänglich bin!
Du machtest meine Tage nur ein Spanne lang,
meine Lebenszeit ist vor dir wie ein Nichts.
Ein Hauch nur ist jeder Mensch.
Nur wie ein Schatten geht der Mensch einher,
um ein Nichts macht er Lärm.

Er rafft zusammen und weiß nicht,
wer es einheimst.
Und nun, Herr, worauf soll ich hoffen?
Auf dich allein will ich harren.   Psalm 39, 5–8

Laß uns nicht versinken

Mitten wir im Leben sind mit dem Tod
umfangen.
Wer ist, der uns Hilfe bringt,
daß wir Gnad erlangen?
Das bist du, Herr, alleine.
Uns reuet unsre Missetat,
die dich, Herr, erzürnet hat.
Heiliger Herre Gott,
heiliger starker Gott,
heiliger barmherziger Heiland,
du ewiger Gott,
laß uns nicht versinken in des bittern Todes
Not.
Kyrieleison.

Responsorium, 11. Jh. erstmals bezeugt; Salzburg 1456
M. Luther 1524

Hab keine Angst

Fürchte dich nicht, denn ich bin mit dir;
hab keine Angst, denn ich bin dein Gott.
Ich helfe dir, ja, ich mache dich stark,
ja, ich halte dich mit meiner hilfreichen
Rechten.   Jesaja 41, 10

Nicht Jammermann, sondern Christ

Ich werde dir zeigen, was ich kann",
spricht der Tod:
„Ich mache aus dir einen Jammermann
in der Not".
„Ich werde dir zeigen, was der Mensch ist",
spricht das Herz:
„In Jammer zerbrechend bleibt er ein Christ
auch im Schmerz."

Ernst Ginsberg

Auf Pilgerschaft

Wir sind nur Gast auf Erden
und wandern ohne Ruh
mit mancherlei Beschwerden
der ewigen Heimat zu.

Die Wege sind verlassen,
und oft sind wir allein.
In diesen grauen Gassen
will niemand bei uns sein.

Nur einer gibt Geleite,
das ist der Herre Christ;
er wandert treu zur Seite,
wenn alles uns vergißt.

Gar manche Wege führen
aus dieser Welt hinaus.
O daß wir nicht verlieren
den Weg zum Vaterhaus.

Und sind wir einmal müde,
dann stell ein Licht uns aus,
o Gott, in deiner Güte;
dann finden wir nach Haus.   Georg Thurmair

Im Haus des Vaters

Euer Herz lasse sich nicht verwirren. Glaubt
an Gott und glaubt an mich. Im Haus meines
Vaters sind viele Wohnungen. Wenn es nicht so
wäre, hätte ich euch dann gesagt: Ich gehe, um einen Platz für euch vorzubereiten? Wenn ich ge-
gangen bin und einen Platz für euch vorbereitet
habe, komme ich wieder und werde euch zu mir
holen, damit auch ihr dort seid, wo ich bin. Und
wohin ich gehe – den Weg dorthin kennt ihr.

Joh 14, 1–4

Wenn alles eben käme

Wenn alles eben käme,
wie du gewollt es hast,
und Gott dir gar nichts nähme
und gäb dir keine Last,
wie wär's da um dein Sterben,
du Menschenkind, bestellt?
Du müßtest fast verderben,
so lieb wär dir die Welt!

Nun fällt – eins nach dem andern –
manch süßes Band dir ab,
und heiter kannst du wandern
gen Himmel durch das Grab;
dein Zagen ist gebrochen,
und deine Seele hofft; –
Dies ward schon oft gesprochen,
doch spricht man's nie zu oft.

Friedrich de la Motte-Fouqué

Gott meint es gut

Du bist's, der, was wir bauen,
mild über uns zerbricht,
daß wir den Himmel schauen –
darum, so klag ich nicht.

Joseph Freiherr von Eichendorff 1788–1857

Ich bin die Auferstehung

Jesus sagte zu ihr: Dein Bruder wird auferstehen. Marta sagte zu ihm: Ich weiß, daß er aufstehen wird bei der Auferstehung am Letzten Tag. Jesus erwiderte ihr: Ich bin die Auferstehung und das Leben. Wer an mich glaubt, wird leben, auch wenn er stirbt, und jeder, der lebt und an mich glaubt, wird auf ewig nicht sterben. Glaubst du das? Marta antwortete ihm: Ja, Herr, ich glaube, daß du der Messias bist, der Sohn Gottes, der in die Welt kommen soll. Joh 11,23–27

Ich muß sterben

Du weißt es, Herr. Der Arzt weiß es. Meine Angehörigen wissen es. Und nun weiß ich es auch. Ich muß sterben. Nicht heute und nicht morgen, aber in kurzer Zeit. Es gibt für mich keine Hilfe mehr auf Erden.

Wie habe ich mich vor dieser Gewißheit gefürchtet! Nacht für Nacht habe ich gebetet, die Krankheit möge nicht zum Tode führen. Mein Leben war eine einzige Ruhelosigkeit und Qual. Auch das weißt du, Herr.

Aber jetzt, nachdem die Entscheidung gefallen ist, bin ich ganz ruhig. Das ist merkwürdig. Ich wundere mich darüber, denn ich muß ja sterben. Oder bin ich durch den Schlag, den die Gewißheit mir versetzt hat, nur betäubt? Herr, ich bitte dich, erhalte mir die Ruhe! Wenn du in deinem Sohn Jesus Christus bei mir bist, kann ich ruhig sein. Der Tod ist schrecklich, aber er ist nicht das Letzte. Du bist es. Du bist der Erste und der Letzte. Und wo du bist, da ist das Leben und die Wahrheit. Das hat der Auferstandene uns gesagt. Herr, ich möchte so gern, daß die Menschen, die in diesen Tagen um mich sind, etwas von der Getrostheit spüren, die du mir schenkst. Laß doch mein Sterben zu einem Zeichen für deine Gegenwart werden, zu einem Zeichen für deine Liebe, deine Treue, dein Erbarmen.
Herr, hab Erbarmen mit uns allen!   Autor unbekannt

Je dunkler es hier um uns wird,
desto mehr müssen wir das Herz öffnen
für das Licht, das von oben kommt."   Edith Stein

Die Kraft des Kreuzes

Für jeden kommt einmal die Stunde, da er
nichts mehr tun kann, seiner Ehre nicht helfen, seinen Schmerz nicht lindern, seiner Not keinen Ausweg finden kann. Vor allem wird es in der
letzten Krankheit so sein, wenn man weiß, es geht
dem Ende zu, der Arzt kann nichts mehr ausrich-
ten.

Da ist jeder angenagelt und kann sich nicht helfen. Kann nur eins: Herz und Willen sammeln in
Gott. Sich fest, ganz fest am Willen des Vaters halten und still ausharren. Und es vollkommen ihm
überlassen, ob es zu einem guten oder zu einem
bitteren Ende geht.

Herr, wenn eine solche Stunde kommt, dann bist
du bei mir, das weiß ich. Die Kraft deines Kreuzes
ist dann in mir, und macht mich stark.

Romano Guardini

Bitte um einen guten Tod

O mein Herr und Erlöser, hilf mir in der letzten
schweren Stunde durch die starken Arme
deiner Sakramente und den belebenden Hauch
deiner Tröstungen! Laß die Worte der Lossprechung
über mich ausgesprochen werden, laß
mich deinen Leib als Wegzehrung und dein Blut

als Bad der Reinigung empfangen; laß durch das heilige Öl mich salben und zeichnen als dein Eigentum und schließlich durch eine vollkommene Reue und Liebe alle Makel der Sünde und ihrer Strafen in mir tilgen.

Möge deine liebe Mutter Maria sich über mich neigen, mein heiliger Schutzengel Worte des Friedens mir zuflüstern und deine glorreichen Heiligen mir zulächeln. Mit ihnen und durch sie will ich die Gabe der Beharrlichkeit erflehen und sterben, wie ich zu leben wünsche in deinem Glauben, in deiner Kirche, in deinem Dienste und in deiner Liebe. Amen.   John Henry Newman

In Gottes Hand

Die Seelen der Gerechten sind in Gottes Hand, und keine Qual kann sie berühren. In den Augen der Toren sind sie gestorben, ihr Heimgang gilt als Unglück, ihr Scheiden von uns als Vernichtung; sie aber sind in Frieden. In den Augen der Menschen wurden sie gestraft; doch ihre Hoffnung ist voll Unsterblichkeit. Ein wenig nur werden sie gezüchtigt; doch sie empfangen große Wohltat. Denn Gott hat sie geprüft und fand sie seiner würdig. Wie Gold im Schmelzofen hat er sie erprobt und sie angenommen als ein vollgültiges Opfer ... Alle, die auf ihn vertrauen, werden die Wahrheit erkennen, und die Treuen werden bei ihm bleiben in Liebe. Denn Gnade und Erbarmen wird seinen Erwählten zuteil.

Weish 3, 1–6.9

Präfation der Totenmesse

In Wahrheit ist es würdig und recht, dir, Herr, heiliger Vater, allmächtiger, ewiger Gott, immer und überall zu danken durch unseren Herrn Jesus Christus.

In ihm erstrahlt uns die Hoffnung, daß wir zur Seligkeit auferstehn. Bedrückt uns auch das Los des sicheren Todes, so tröstet uns doch die Verheißung der künftigen Unsterblichkeit. Denn deinen Gläubigen, o Herr, wird das Leben gewandelt, nicht genommen. Und wenn die Herberge der irdischen Pilgerschaft zerfällt, ist uns im Himmel eine ewige Wohnung bereitet. Darum singen wir mit den Engeln und Erzengeln, den Thronen und Mächten und mit all den Scharen des himmlischen Heeres den Hochgesang von deiner göttlichen Herrlichkeit.

Meßbuch II

Gemeinschaft mit unseren Toten

Mein Herz sucht einen Weg zu den Toten, die ich geliebt habe. Ich weiß, sie leben in Gott. So versenke ich mich in Gott, um sie zu finden. Ich rede zu Gott und finde das Ohr derer, die ich liebe. Ich bringe Gott meine Liebe und weiß, daß sie mir nahe sind. Gottes Gedanken sind nicht meine Gedanken. Seine Wege sind nicht unsere Wege. − Er aber ist nicht ein Gott von Toten, sondern von Lebendigen, und wir alle sind eins in ihm.

Jörg Zink

Mit Christus auferstehen

Wer heimlich Christi Leiden
an seinem Leib gespürt,
wird im Hinüberscheiden
vom ersten Glanz berührt:
Wer Christi Tod erlitten,
wird mit ihm auferstehn;
wo er hindurchgeschritten,
da wage ich's zu gehn.

Reinhold Schneider

Das himmlische Jerusalem

Ich sah die heilige Stadt, das neue Jerusalem,
von Gott her aus dem Himmel herabkommen;
sie war bereit wie eine Braut, die sich für ihren
Mann geschmückt hat. Da hörte ich eine laute
Stimme vom Thron her rufen: Seht die Wohnung
Gottes unter den Menschen! Er wird in ihrer
Mitte wohnen, und sie werden sein Volk sein; und
er, Gott, wird bei ihnen sein. Er wird alle Tränen
von ihren Augen abwischen: Der Tod wird nicht
mehr sein, keine Trauer, keine Klage, keine Mühsal. Denn was früher war, ist vergangen. Er, der
auf dem Throne saß, sprach: Seht, ich mache alles neu ... Die Stadt braucht weder Sonne noch
Mond, die ihr leuchten. Denn die Herrlichkeit
Gottes erleuchtet sie, und ihre Leuchte ist das
Lamm.

Offb 21,2–5.23

Eine große Stadt ersteht

Eine große Stadt ersteht,
die vom Himmel niedergeht
in die Erdenzeit.
Mond und Sonne braucht sie nicht;
Jesus Christus ist ihr Licht,
ihre Herrlichkeit.

Laß uns durch dein Tor herein
und in dir geboren sein,
daß uns Gott erkennt.
Laß herein, die draußen sind;
Gott heißt jeden Sohn und Kind,
der dich Mutter nennt.

Dank dem Vater, der uns zieht
durch den Geist, der in dir glüht;
Dank sei Jesus Christ,
der durch seines Kreuzes Kraft
uns zum Gottesvolk erschafft,
das unsterblich ist.   Silja Walter

Nimm hin mein Leben

Allmächtiger Gott, unergründlich sind deine
Geheimnisse und unerforschlich deine Wege.
Du hast mich erschaffen und willst mich nun wieder zu dir nehmen.
Alles, was ich bin und habe, lege ich in deine
Hände zurück. Schenke mir deine vergebende
Liebe. Laß auch mich allen vergeben können.
Nimm hin mein Leben und verwandle es. Laß
mich auferstehen am Jüngsten Tag und ewig leben in deiner Herrlichkeit.   Ingrid Jorissen

Vater, in deine Hände

So nimm denn meine Hände
und führe mich
bis an mein selig Ende
und ewiglich!
Ich mag allein nicht gehen,
nicht einen Schritt;
wo du wirst gehn und stehen,
da nimm mich mit.

In dein Erbarmen hülle
mein schwaches Herz
und mach es gänzlich stille
in Freud und Schmerz!
Laß ruhn zu deinen Füßen
dein armes Kind;
es will die Augen schließen
und glauben blind.

Wenn ich auch gleich nichts fühle
von deiner Macht,
du führst mich doch zum Ziele
auch durch die Nacht.
So nimm denn meine Hände
und führe mich
bis an mein selig Ende
und ewiglich!   Julie von Hausmann 1826–1901

Am Ende ohne Ende

Dort werden wir ausruhen und schauen,
werden schauen und lieben,
werden lieben und loben.
Siehe, was am Ende sein wird ohne Ende.

Augustinus, Gottesstaat XXII, 30

QUELLENNACHWEIS

S. 10: D. Block, Gast an deinem Tisch, Christliche Verlagsanstalt, Konstanz 1984; S. 12: J. Gangl, Altern will gelernt sein, in: Th. Blieweis (Hg.), Die dritte Lebensphase, Verlag Herder, Wien 1971; S. 13: H. Hesse, Die Gedichte, © Suhrkamp Verlag, Frankfurt am Main 1977; S. 15, 19, 42, 108, 122, 187: J. Zink, Wie wir beten können, Kreuz Verlag, Stuttgart ¹²1985; S. 16: G. und M. Haug, Lichter leuchten am Abend, Calwer Verlag, Stuttgart; S. 18: Ph. Bosmans, Vergiß die Freude nicht, Verlag Herder, Freiburg ⁴²1987; S. 25: B. Fischer, Dich will ich suchen von Tag zu Tag, Verlag Herder, Freiburg ²1987; S. 26: G. Thurmair im: Kirchenlied Nr. 145; S. 37, 41, 48: S. Naegeli, Die Nacht ist voller Sterne, Verlag Herder, Freiburg 1987; S. 50: G. Thurmair, im: Kirchenlied Nr. 139; S. 59, 72, 80, 87, 94, 131, 149: A. Rotzetter, Gott, der mich atmen läßt, Verlag Herder, Freiburg ³1987; S. 66, 70, 122: K. B. Ritter, Das tägliche Gebet, Lutherisches Verlagshaus, Kassel ³1964; S. 71, 123, 125: H. Oosterhuis, Mitten unter uns, Verlag Herder, Wien 1982; S. 73, 80: K. Rahner, Gebete des Lebens, Verlag Herder, Freiburg ⁷1987; S. 74, 150: D. Bonhoeffer, Widerstand und Ergebung, Chr. Kaiser, München ³1985; S. 98: G. Gezelle, bearb. v. R. A. Schröder, in: Gesammelte Werke Bd. 1, Suhrkamp Verlag, Frankfurt am Main 1952; S. 100, 148: S. Naegeli, Du hast mein Dunkel geteilt, Verlag Herder, Freiburg ⁶1987; S. 106, 112: P. Roth, Wir alle brauchen Gott, Echter Verlag, Würzburg 1975; S. 113: K. Hemmerle in: A. Läpple, Das Buch der Gebete, Delphin Verlag, München/Zürich ²1981; S. 124: R. Guardini, Vorschule des Betens, Matthias-Grünewald-Verlag, Mainz ⁸1986; S. 128, 129: P. Haschek, Abend mit Gott, Verlag Butzon & Bercker GmbH, Kevelaer ⁹1982; S. 144: R. A. Schröder, Gesammelte Werke Bd. 1, © Suhrkamp Verlag, Frankfurt am Main 1952; S. 151, 153, 157: L. Karstrop, Du nimmst mich an, Verlag Herder, Freiburg 1979; S. 156, 184: R. Guardini, Der Kreuzweg, Matthias-Grünewald-Verlag, Mainz 1940; S. 158: W. Bergengruen, Die heile Welt, Verlags-AG Die Arche, Zürich; S. 180: G. Thurmair in: GOTTESLOB Nr. 656; S. 188: S. Walter, in: GOTTESLOB Nr. 642; S. 188: I. Jorrisen /H. B. Meyer, Pastorale Hilfen in Krankheit und Alter, Verlagsanstalt Tyrolia GmbH, Innsbruck 1974.

Für die aus Meßbuch und Stundenbuch entnommenen Texte, erteilte die Ständige Kommission für die Herausgabe der gemeinsamen liturgischen Bücher im deutschen Sprachgebiet die Abdruckerlaubnis.

Die Bibelzitate wurden der Einheitsübersetzung der Heiligen Schrift entnommen.

Für die Abbildungen erteilte der Beuroner Kunstverlag GmbH, 7792 Beuron 1, die Abdruckerlaubnis.

Glaubens-Meditations-Lebensbuch

Schott-Meßbuch

Für die Sonn- und Festtage

Lesejahr A: Best.-Nr. 19231 (Paperback);
Best.-Nr. 19232 (Kunstleder); Best.-Nr. 19233 (Leder)

Lesejahr B: Best.-Nr. 19800 (Paperback);
Best.-Nr. 19801 (Kunstleder); Best.-Nr. 19802 (Leder)

Lesejahr C: Best.-Nr. 19151 (Paperback);
Best.-Nr. 19152 (Kunstleder); Best.-Nr. 19153 (Leder)

Schott

Die österlichen Tage
Palmsonntag bis Ostermontag. Best.-Nr. 20609

Schott-Meßbuch

Für die Wochentage

Band 1: Advent und Weihnachtszeit, Fasten- und Oster-
zeit. 1.–13. Woche im Jahreskreis. Gedenktage der Heiligen vom 30. November bis 8. Juli.
Best.-Nr. 20161 (Kunstleder); Best.-Nr. 20171 (Leder)

Band 2: 14.–34. Woche im Jahreskreis. Gedenktage der
Heiligen vom 3. Juli bis 2. Dezember. Dazu die Allge-
meine Einführung ins Meßbuch und die offiziellen Anlei-
tungen für Kinder- und Gruppenmessen.
Best.-Nr. 20162 (Kunstleder); Best.-Nr. 20172 (Leder)

Band 3: Für Verschiedene Anlässe

Messen bei der Spendung der Sakramente und Sakra-
mentalien, Messen für Verstorbene, für besondere Anliegen und Votivmessen. Dazu die neuen Einführungen zu
den Lesungen und Anlässen, neue Meditationstexte und
Fürbitten.
Best.-Nr. 20553 (Kunstleder); Best.-Nr. 20554 (Leder)

Herder Freiburg · Basel · Wien